LiteraNova

Herausgegeben von Helmut Flad

Unterrichtsmodelle mit Kopiervorlagen

Bernhard Schlink

Der Vorleser

Erarbeitet von Ekkehart Mittelberg

Cornelsen

Inhalt

Konzeption und Aufbau

Knapp zehn Jahre nach Erscheinen der ersten Auflage ist *Der Vorleser* von Bernhard Schlink[1] eine anerkannte Schullektüre.

Die komplexen politischen Implikationen des Romans legen es nahe, ihn zum Unterrichtsgegenstand der Sekundarstufe II zu machen.

In Sequenzen von überschaubarem Umfang behandelt das vorliegende Unterrichtsmodell die Struktur und Erzählweise des Romans und als thematischen Schwerpunkt die Aufarbeitung des Nationalsozialismus, die eine Rekonstruktion des historischen Hintergrunds voraussetzt. Der politische Anspruch des Autors bei der Gestaltung dieser Problematik macht die Einbeziehung der Biografie Bernhard Schlinks notwendig.

Wenngleich Hannas Schuld als KZ-Aufseherin und Michaels Verstrickung in diese Schuld das zentrale Thema des *Vorlesers* sind, soll mit dem Einstiegskapitel zunächst eine behutsame Annäherung an möglichst viele Aspekte des Romans geschaffen werden: über Umschlagillustrationen, Vorschläge für Titel-Varianten und Stellungnahmen zu knappen Auszügen aus Rezensionen, die sich auf dem Rückumschlag des Buches finden.

Die Sequenz „Schlüsselszenen aus dem Inhalt" prüft, sichert und vertieft die Textkenntnis der Schülerinnen und Schüler und bereitet spätere umfassendere Interpretationen vor.

„Zum Aufbau des Textes" gehört noch zu dem Kapitel „Annäherungen", weil die drei Teile des Romans nur richtig gedeutet werden können, wenn man ihre Verflechtungen erkennt.

Inwieweit sich der *Vorleser* mit NS-Verbrechen auseinander setzt, zeigt das Kapitel „Spiegelung des Holocaust". Es sollte bereits an dieser Stelle behandelt werden, wenn man die NS-Gräueltaten für folgende Sequenzen eindringlich präsent haben will. Leichter ist es, dieses anspruchsvolle Unterrichtsmodell nach „Die Schuld" folgen zu lassen. „Einstieg" führt über Bilder und Fotos an das Thema „Konzentrationslager" heran.

Ein eindeutiges Vorbild für die Romanfigur Hanna gibt es nicht. Gleichwohl sensibilisiert die „Stute von Majdanek" mit Parallelen und Unterschieden zwischen Hanna und der NS-Aufseherin Hermine (Braunstätter) Ryan den Blick für die literarische Gestaltung Hannas.

Die Sequenz „Konzentrationslager" hilft den Schülerinnen und Schülern zu erkennen, welche Ausschnitte dieser entsetzlichen Wirklichkeit in Bernhard Schlinks Fiktion in Erscheinung treten.

„Michaels Auseinandersetzung mit der NS-Vergangenheit" behandelt den politischen Kern des Buches.

Eine erste Orientierung über die Binnenstruktur des Romans ermöglicht die Sequenz „Zeiten und Orte".

„Hanna" und „Michael" geben z. B. Aufschluss über Hannas und Michaels Herkunft, Charakter, Verhalten und Verstrickung in die Verbrechen des Nationalsozialismus. Die Sequenz „Hanna und Michael, eine unselige Liebe" thematisiert die Gemeinsamkeiten der Hauptfiguren und die Verunsicherung ihrer Liebe durch sie selbst.

Letzteres leitet direkt zu dem Thema „Die Schuld" über, bei dem es einerseits um Hannas Auftreten vor Gericht, andererseits darum geht, worin Hannas und Michaels Schuld besteht und worin sie sich unterscheidet.

Das Kapitel „Analphabetismus" steht in engem Zusammenhang mit Hannas Schuld. „Hannas Analphabetismus" verringert nämlich ihre Verantwortung und relativiert ihre Schuld. Die Sequenz „Varianten des Analphabetismus" verhilft zur richtigen Einschätzung der Signale und Wirkung von Hannas Analphabetismus. In dem Kapitel „Die Erzählweise" werden die Erzählperspektive und die Erzähltechniken Bernhard Schlinks im Einzelnen aufgespürt. Ein exemplarisches Beispiel für B. Schlinks Erzählweise ist die Sequenz „Michaels Träume".

Als Ergänzung zum analytischen Umgang mit dem Text werden anschließend Möglichkeiten des produktionsorientierten Umgangs mit dem Roman genannt. Das Kapitel „Zur Rezeption" dient einerseits zur Vertiefung der gewonnenen Erkenntnisse, andererseits soll es die Schülerinnen und Schüler dazu anregen, selbst eine Buchkritik zu schreiben. Beispiele für Rezensionen finden sich bei den Zusatzmaterialien. Der Schlussteil des Heftes enthält eine Auswahl von Klausurvorschlägen, die eine Vielfalt von thematischen Aspekten berücksichtigen.

---

1 Wir beziehen uns in diesem Heft auf
Bernhard Schlink: Der Vorleser. Diogenes Taschenbuch 22953. Zürich 1997 ([1]1995)

Annäherungen

Einstieg

1 Die Taschenbuch-Ausgabe des *Vorlesers* verwendet als Umschlagillustration eine expressionistische Wiedergabe des Berliner Nollendorfplatzes von Ernst Ludwig Kirchner (1880–1938).
Welche Stellen des Romans kann man mit diesem Bild in Beziehung bringen?

2 a Schlagen Sie Textstellen aus dem *Vorleser* vor, die als Anregung zu weiteren Umschlagillustrationen dienen können. Versuchen Sie sich hier selbst an einer Illustration.
b Überlegen Sie sich außerdem möglichst genau detaillierte Anweisungen für einen Grafiker.

3 Worauf bezieht sich der Titel des Romans?

4 Machen Sie andere Vorschläge für einen Titel und diskutieren Sie deren Eignung.

5 Was gefällt oder missfällt Ihnen an dem Roman? Halten Sie Ihre Argumente auf einer Wandtafel fest. Am Ende der Beschäftigung mit dem Buch wäre es interessant festzustellen, welche Ihrer ersten Urteile Sie aufrecht erhalten können und welche nicht.

6 Auf der Rückseite der Taschenbuch-Ausgabe des *Vorlesers* sind Auszüge aus verschiedenen Rezensionen abgedruckt:

„Sie ist reizbar, rätselhaft und viel älter als er … und sie wird seine erste Leidenschaft. Sie hütet verzweifelt ein Geheimnis. Eines Tages ist sie spurlos verschwunden. Erst Jahre später sieht er sie wieder. Die fast kriminalistische Erforschung einer sonderbaren Liebe und bedrängenden Vergangenheit. [...]"

Tilman Krause im Tagesspiegel, Berlin

a Wo erscheint Hanna reizbar und rätselhaft?
b Welches Geheimnis hütet sie?
c Wo sieht Michael sie wieder?
d Diskutieren Sie, ob auch für Sie Hannas Vergangenheit „bedrängend" ist.

„Einfühlsame Sprache von erstaunlicher Präzision. [...] Diese ‚traurige Geschichte' ist Schlinks persönlichstes Buch."

Michael Stolleis in der Frankfurter Allgemeinen Zeitung

e Äußern Sie sich zu der Beurteilung der Sprache des Romans.
f Ist die Geschichte auch für Sie „traurig"?

„Der beklemmende Roman einer grausamen Liebe. Ein Roman von solcher Sogkraft, dass man ihn, einmal begonnen, nicht aus der Hand legen wird."

Hannes Hintermeier in der Abendzeitung, München

g Womit kann man die Grausamkeit der Liebe belegen?
h Können Sie die „Sogkraft" des Romans bestätigen? Wenn ja, was hat Sie gefesselt? Wenn nein, was hat Ihnen nicht gefallen?

„Ein Roman von bestechender Aufrichtigkeit. Was für ein Glück, dass dieses Buch geschrieben wurde!"

Rainer Moritz in der Weltwoche, Zürich

i Womit lässt sich die Behauptung der „bestechenden Aufrichtigkeit" des Romans belegen?

Annäherungen

Einstieg

Die hier vorgeschlagenen Varianten des Einstiegs in den Roman ermöglichen eine Auswahl. Sie setzen voraus, dass die Schülerinnen und Schüler den Text vollständig gelesen haben.

1 Michael „erkennt" Frau Schmitz als Straßenbahnschaffnerin (S. 24). Er möchte Hanna in der Straßenbahn überraschen, aber sie ignoriert ihn (S. 45 ff.). Michael fährt mit der Straßenbahn zur Beerdigung des Professors, der das KZ-Seminar veranstaltet hatte. Er empfindet das als „Begegnung mit der Vergangenheit" (S. 167 f.).

2 Beispiele: Michael beobachtet Hanna beim Anziehen der Strümpfe (S. 15), Michael liest Hanna vor (S. 43 f., 56, 67 f.), Hanna, die im Schwimmbad zu Michael herüberschaut (S. 78), Hanna als Angeklagte im Gerichtssaal (S. 91), der Brand der verschlossenen Kirche (S. 116 f.), Hanna als KZ-Aufseherin (S. 141), das Konzentrationslager Natzweiler-Struthof (S. 148).

3 „Vorlesen, duschen, lieben und noch ein bisschen beieinander liegen – das wurde das Ritual unserer Treffen." (S. 43) Michael beschreibt öfter Hannas lebhafte Reaktionen während seines Vorlesens (S. 43f., 56, 67 f.). Während Hannas Prozess enthüllt sich ihm bei einem Spaziergang ihr Geheimnis, dass sie nicht lesen und schreiben kann und sich deswegen von ihm vorlesen ließ (S. 126 f.). Nach Hannas Verurteilung setzt Michael die Rolle des Vorlesers fort und schickt Hanna Kassetten mit von ihm gelesener Literatur ins Gefängnis (S. 174 ff.).

4 Es wird sich erweisen, dass kaum ein Titel geeigneter ist als *Der Vorleser*. *Die Analphabetin* rückt beispielsweise Hannas Entlastung zu sehr in den Blick. *Fesseln der Vergangenheit* klingt melodramatisch, *Aufarbeitung der Vergangenheit* ist als Romantitel zu prosaisch. *Die Betäubung* ist nicht umfassend genug, *Schuld und Sühne* ist der Titel eines Romans von Dostojewski und wäre ein Plagiat.

5 Erfahrungsgemäß wird der Roman bei den Schülerinnen und Schülern überwiegend auf Zustimmung stoßen. Dass die intensiven Reflexionen Michaels über seine und Hannas Schuld sowie über die Aufarbeitung der NS-Vergangenheit manchen als zu langatmig erscheinen, werden erfahrene Lehrkräfte zum Gegenstand einer Diskussion über die Berechtigung eines solchen Einwands machen.

6 a Hannas Reizbarkeit entsteht ursächlich aus ihrem Analphabetismus. Als Beispiel sei das Kapitel über den „verschwundenen" Zettel erwähnt, wo Hannas Wut aus der Annahme entsteht, Michael wolle sie verlassen (S. 54 ff.). Rätselhaft erscheint Hanna Michael z. B. dadurch, dass er

nie erfährt, „was Hanna machte, wenn sie weder arbeitete noch wir zusammen waren" (S. 75).
b/c eignen sich zur Überprüfung der Textkenntnis.
d Die nationalsozialistische Vergangenheit ist für Schülerinnen und Schüler heute wohl nicht so bedrängend. Gleichwohl kann man hier mit zustimmenden Antworten rechnen, weil die „menschliche" Gestaltung Hannas in der „Liebesgeschichte" so viel Identifikation mit dieser Romanfigur aufgebaut hat, dass ihre Vergangenheit auch heutigen Schülerinnen und Schülern als bedrängend erscheint.
e Man muss bei den reflektierenden Passagen Schlinks damit rechnen, dass Schülerinnen und Schülern sprachliche Abstrahierungen als Mangel an „Präzision" erscheinen.
f Hier werden besonders Textstellen erwähnt, die die Leserinnen und Leser offensichtlich in traurige Stimmung versetzen, etwa Michaels Ignorierung durch Hanna in der Straßenbahn (S. 45 ff.) oder Hannas plötzliches Verschwinden (S. 79 ff). Es ist wichtig, dass auch die Traurigkeit (im weiteren Wortsinne) in solchen Textstellen bewusst wird, wo Michael fast tragisch scheitert, z. B., wo Hanna die Bloßstellung als Verbrecherin lieber zu sein scheint als die als Analphabetin (S. 127), jener, wo er das Dilemma beschreibt, Hanna zugleich verstehen und verurteilen zu wollen (S. 151), oder in den „traurigen" Episoden über den Mercedesfahrer (S. 144 ff.) bzw. über den Mann mit dem Holzbein (S. 150 f.).
g Einerseits geht Hanna in schon erwähnten Episoden (Straßenbahn, verschwundener Zettel) grausam mit Michael um, andererseits spielt die Formulierung auch auf die Folgen dieser Liebe an: Das Nebeneinander von Kaltschnäuzigkeit und Empfindsamkeit bei Michael (S. 85), seine ständigen Reflexionen über Schuld (S. 72 f., 99 f., 129, 187, 190), seine Unfähigkeit dauerhafte neue Beziehungen einzugehen (S. 164 ff.) und seine Furcht vor neuen Verletzungen, weshalb er Hanna nie ins Gefängnis schreibt (S. 179).
h Der Roman verliert nie an „Sogkraft". Beispiele: das unerwartete Wiedertreffen mit Hanna vor Gericht, der nicht vorhersehbare Ausgang des Gerichtsverfahrens, das nicht vorhersehbare Ende von Hannas Gefängnisjahren, die Ungewissheit, ob Michael seinen Frieden finden wird.
i Die Aufrichtigkeit des Romans zeigt sich z. B. darin, dass der Ich-Erzähler sensibel von seinem Verrat Hannas berichtet (S. 72 f.), dass er das „gemeinsame Eifern" (S. 89) und „die auftrumpfende Selbstgerechtigkeit" (S. 162 f.) in dem KZ-Seminar verurteilt (S. 87 ff.), dass er bei den Reaktionen der Prozessteilnehmer nichts beschönigt (S. 97 ff.), dass er zugibt, er habe sich bei dem zweiten Besuch in Struthof das Leiden „nicht konkret" vorstellen können (S. 149).

Annäherungen

Schlüsselszenen aus dem Inhalt des Romans

Erster Teil

„Vorlesen, duschen, lieben und noch ein bisschen beieinander liegen – das wurde das Ritual unserer Treffen." (S. 43) (Thema des Romans)			

Zweiter Teil

Dritter Teil

1 Schreiben Sie in die Felder jeweils vier Schlüsselszenen aus den drei Teilen des Romans als Zitat oder kurze Zusammenfassung. Begründen Sie stichwortartig Ihre Auswahl.

Annäherungen

Schlüsselszenen aus dem Inhalt des Romans

Die Auswahl von Schlüsselszenen in Form von Zitaten oder Paraphrasen setzt eine genaue Kenntnis des Inhalts voraus. Sie bereitet spätere umfassendere Interpretationen vor. Eine kurze Begründung der Auswahl ermöglicht eine rationale Diskussion darüber.

Erster Teil

„Vorlesen, duschen, lieben und noch ein bisschen beieinander liegen – das wurde das Ritual unserer Treffen." (S. 43) (Thema des Romans)	Der Streit nach der Straßenbahnepisode endet mit bedingungsloser Kapitulation Michaels (S. 50). (Dominat Hannas)	Hanna zieht Michael den ledernen Gürtel durchs Gesicht. Danach weint sie fassungslos (S. 54 f.). (Hinweis auf Hannas Brutalität)	Die Liebe endet mit Schuldgefühlen. Michael meint Hanna verleugnet und verraten zu haben (S. 80). (Leitmotiv)

Zweiter Teil

Der Ich-Erzähler selbst, die Täter, Opfer, die Richter und Schöffen wirken wie betäubt (S. 96 ff.). (Die Betäubung, die in den Konzentrationslagern herrschte, wirkt fort und erschwert die Aufarbeitung der Verbrechen.)	Der Richter fragt Hanna nach der Problematik der Rücktransporte. Gegenfrage Hannas: „Was hätten Sie denn gemacht?" (S. 107) (Ungeachtet der unbefriedigenden Antwort des Richters erkennt Hanna die ethische Bedeutung seiner Frage nicht.)	Hanna gesteht, um ihren Analphabetismus zu verschleiern, den sie schwer belastenden SS-Bericht verfasst zu haben. („Aus Angst vor der Bloßstellung als Analphabetin die Bloßstellung als Verbrecherin?", S. 127)	Der Mercedesfahrer erzählt von dem Offizier, der in Erwartung des Feierabends gleichgültig („Er hat aber auch etwas Zufriedenes, sogar Vergnügtes im Gesicht", (S. 147) Juden erschießt (S. 146 f.). (Monströsität und zugleich Banalität des Genozids)

Dritter Teil

Michael denkt, dass die Auseinandersetzung mit der NS-Zeit für die zweite Generation „nur Ausdruck des Generationenkonflikts war" (S. 161). Für die dritte Generation ist sie „nicht die Gestalt eines Generationenkonflikts, sondern das eigentliche Problem" (S. 161). (zentrales Thema des Romans)	„Analphabetismus ist Unmündigkeit. Indem Hanna den Mut gehabt hatte, lesen und schreiben zu lernen, hatte sie den Schritt aus der Unmündigkeit zur Mündigkeit getan, einen aufklärerischen Schritt." (S. 178) (Hanna hat jetzt die Chance sich gründlich mit ihrer Schuld auseinander zu setzen.)	Hanna: „Ich hatte immer das Gefühl, dass mich ohnehin keiner versteht [...] Und weißt du, wenn keiner dich versteht, kann auch keiner Rechenschaft von dir fordern." (S. 187) Auch das Gericht nicht, meint Hanna. (Hannas Schulderkenntnis ist eingeschränkt.)	„Ich trat an das Regal. Primo Levi, Elie Wiesel, Tadeusz Borowski, Jean Améry – die Literatur der Opfer neben autobiografischen Aufzeichnungen [...]." (S. 193) (Hat Hanna am Ende ihre Schuld doch gründlich aufgearbeitet?)

Annäherungen

Zum Aufbau des Textes

	Erster Teil	Zweiter Teil	Dritter Teil
Inhalt			
Zeit			

1 Füllen Sie die Tabelle mit stichwortartigen Angaben aus. Warum wird der dritte Teil in zwei Abschnitte unterteilt?

2 Woran orientiert sich die Dreiteilung des Romans?

3 Skizzieren Sie im Telegrammstil den Inhalt der einzelnen Kapitel:

Erster Teil

I,1: Hannas Hilfe bei Michaels Gelbsucht; I, 2: M.s Träume von dem Haus in der Bahnhofstraße; I,3: ...

Zweiter Teil

Dritter Teil

4 Wonach sind die einzelnen Kapitel strukturiert?

5 Aus welcher Perspektive wird erzählt? Woran orientiert sich der Erzähler?

6 Wie werden die drei Teile miteinander verbunden?

Annäherungen

Zum Aufbau des Textes

Die Schülerinnen und Schüler würden den *Vorleser* falsch interpretieren, wenn sie nicht schon im ersten Teil Hinweise auf Hannas Involvierung in NS-Verbrechen und auf ihren Analphabetismus erkennen würden. Deshalb gehört die Analyse des Aufbaus zur Einführung in den Roman.

1	**Erster Teil**	**Zweiter Teil**		**Dritter Teil**
Inhalt	Michael und Hanna: Die Liebe am Nachmittag	der Prozess gegen Hanna, ihre Verurteilung	Hannas Inhaftierung und Selbstmord	Michael arbeitet die Vergangenheit auf.
Zeit	Herbst 1958 bis Sommer 1959	Frühjahr 1966 bis Ende Juni 1966	Ende Juni 1966 bis Sommer 1984	Herbst 1984 bis 1994

Der Tod Hannas bildet eine scharfe Zäsur, die es Michael ermöglicht, Hannas und seine Geschichte zu schreiben.

2 Die Dreiteilung des Romans orientiert sich an Lebensabschnitten Michaels.

3 **Erster Teil**: I,1: Hannas Hilfe bei Michaels Gelbsucht; I,2: M.s Träume von dem Haus in der Bahnhofstraße; I,3: Haus in der Bahnhofstraße, Wohnung und Aussehen von Frau Schmitz; I,4: Wodurch Frau Schmitz attraktiv wirkt; I,5: M.s Begierde nach Frau Schmitz; I,6: H. verführt M.; I,7: M. nabelt sich von seiner Familie ab; I,8: erster Hinweis auf H.s Analphabetismus; I,9: H.s Vergangenheit, M. beginnt vorzulesen; I,10: Die Fahrt in der Straßenbahn, ein böser Traum; I,11: Konflikt wegen H.s Analphabetismus auf der Fahrradtour; I,12: H.s Verhalten in M.s Elternhaus; I,13: M. zwischen H. und Sophie; I,14: Der Sommer als Gleitflug der Liebe M.s zu H.; I,15: M. weiß, dass er H. verrät; I,16: M. sieht H. zum letzten Mal; I,17: H. ist nach Hamburg verschwunden.

Zweiter Teil: II,1: M. verändert sich in den Jahren auf der Universität. Nebeneinander von Kaltschnäuzigkeit und Empfindsamkeit; II,2: Wiedersehen mit H. im Gerichtssaal, Aufarbeitung der Vergangenheit durch eifernde Studenten; II,3: H.s Lebenslauf; II,4: Gerichtsverhandlung: Alle Beteiligten sind wie betäubt. Der Einbruch des Schrecklichen in den Alltag, fragwürdiger Vergleich von Tätern und Opfern; II,5: das Buch der Tochter, die beiden Hauptanklagepunkte; II,6: H.s Verhalten gegenüber dem Vorsitzenden Richter; II,7: H. weiß sich vor Gericht nicht zu verteidigen und macht bereitwillig Zugeständnisse ihrer Schuld; II,8: Ist H. die Aufseherin, die Stute genannt wurde? Der Brand in der verschlossenen Kirche; II,9: Rechtfertigung der Angeklagten wegen unterlassener Hilfeleistung, H. verschleiert ihren Analphabetismus, indem sie sich selbst belastet; II,10: M. entdeckt H.s Analphabetismus; II,11: Für M. beginnt die Verhandlung erst mit dem Bewusstsein Teilnehmer geworden zu sein; II,12: M. lässt sich von seinem Vater beraten, meint aber dennoch, nicht mit Hanna reden zu können; II,13: Für M. erstarren die Bilder von Konzentrationslagern zu Klischees; II,14: M. besucht Struthof, weil er die Klischees mit der Wirklichkeit austreiben will. M. vermutet, dass der Mercedesfahrer ein Scherge war; II,15: Beim zweiten Besuch von Struthof stellt sich die Anschauung des Grauens nicht ein. Episode von dem Mann mit dem Holzbein; II,16: Besuch bei dem Vorsitzenden Richter. Betäubung legt sich auf M.s Gefühle und Gedanken; II,17: Hanna erhält lebenslängliche Haft, die anderen Angeklagten Freiheitsstrafen.

Dritter Teil: III,1: M. hält Auseinandersetzung mit nationalsozialistischer Vergangenheit für Ausdruck des Generationenkonflikts; III,2: M. lässt sich von Gertrud scheiden; III,3: Begegnung mit der Vergangenheit, M. entzieht sich der Frage eines Kommilitonen nach H.; III,4: M.s Forschungsgebiet wird das Recht im Dritten Reich; III,5: M. liest für H. auf Kassetten ohne persönliche Ansprache; III,6: H. schreibt M., ihr Schritt aus der Unmündigkeit in die Mündigkeit; III,7: Die Leiterin des Gefängnisses fordert M. auf, H. zu besuchen.; III,8: M. besucht H. im Gefängnis. H. meint, dass sie bei dem Prozess keiner verstanden habe; III,9: M. denkt, H. habe sich aus der Schuld gestohlen; III,10: H. hat sich erhängt. Sie hat über Konzentrationslager gelesen. H. hat den Grund für den Suizid nicht erwähnt; III,11: M. besucht die Tochter in New York. Diese wirft H. vor brutal gewesen zu sein. Geld H.s für jüdische Analphabeten; III,12: M.s Zorn auf Hanna wird kraftlos und die Fragen unwichtig. M. hat seinen Frieden mit der Geschichte gemacht, besucht H.s Grab mit Dankschreiben der Jewish League.

4 Die einzelnen Kapitel weisen in der Regel einen thematischen Schwerpunkt auf.

5 Es ist die Perspektive Michaels, der sich an dem chronologischen Ablauf des Geschehens orientiert.

6 Überleitungen in II,1 und III,1 sowie Rückblicke, Vorausdeutungen und Leitmotive bilden die Verbindung.

Spiegelung des Holocaust

Einstieg

1 Die Zeichnung rechts stellt den Eingang zu einem Konzentrationslager dar.

a Welche Rolle spielen Konzentrationslager im Roman?

b Welche Aspekte bei der Darstellung des Konzentrationslagers hebt die Grafik hervor?

c Wo erfährt man beim Lesen des Romans ein ähnliches Grauen, wie es von dem Bild ausgeht?

Hermann Schütte: Eingang zum KZ
Japanpapier, getuscht, 46 x 36,3 cm

© Deutsches Historisches Museum, Berlin

Das Krematorium des Konzentrationslagers Struthof

2 Inwieweit stimmen die beiden Fotos des Konzentrationslagers Struthof mit der Beschreibung in Bernhard Schlinks Roman (S. 148 f.) überein?

Der Lagerzaun des Konzentrationslagers Struthof

© Deutsches Historisches Museum, Berlin

Brennende Synagoge in Essen 1938

3 An welche Textstelle denken Sie bei diesem Foto? Weshalb ist sie für die Handlung des Romans von entscheidender Bedeutung?

Spiegelung des Holocaust

Einstieg

Die Annäherung über Bilder setzt voraus, dass die Schülerinnen und Schüler den Roman vollständig gelesen haben. Sie soll die Sinne sogleich auf das Wesentliche lenken. Dies ist nicht die Liebesgeschichte zwischen Michael und Hanna, sondern es geht um Hannas Schuld als Aufseherin in einem Konzentrationslager und Michaels Versuche diese aufzuarbeiten.

1a Michael arbeitet nationalsozialistische Vergangenheit als Teilnehmer eines Seminars über KZ-Prozesse auf. Er verfolgt die Gerichtsverhandlung gegen Hanna und andere Aufseherinnen und protokolliert sie (S. 86 f.). Hanna bestätigt, dass sie im Herbst 1943 freiwillig zur SS gegangen ist, bis Frühjahr 1944 in Auschwitz und später in einem Lager bei Krakau als Aufseherin gearbeitet hat (S. 92, 101). Ein Hauptanklagepunkt gilt den Selektionen von Frauen unter Hannas Mitwirkung, die aus dem Krakauer Lager zur Liquidation nach Auschwitz geschickt wurden (S. 102). Die Anklage stützt sich auf ein Buch einer überlebenden Zeugin über ihre Zeit in den Konzentrationslagern Auschwitz und Krakau (S. 114 ff.).

b Der Eingang des Lagergebäudes gleicht einem finsteren, undurchsichtigen Orkus, der alles, was in seine Nähe kommt, verschluckt. Während man hinter der Gebäudefront nichts erkennen kann, hat diese zwei undurchschaubare „Augen", die nach neuen Opfern auszuspähen scheinen. Die Holzpfähle rechts und links des Eingangs mit ihren Spitzen verkörpern gefährliche, massive Gewalt.

c Mehrere Hundert Frauen sind in der Kirche eines Dorfes eingesperrt, die durch eine Bombe in Brand gesetzt wird. Obwohl die Angeklagten die Kirche hätten aufschließen können, lassen sie die eingesperrten Frauen verbrennen (S. 103).

Michael kann sich bei seinem Studium nicht aufs Lernen konzentrieren. Seine Gedanken verlieren sich in Bildern von Hanna mit hartem Gesicht, schwarzer Uniform und Reitpeitsche. Er hat vor Augen, wie Hanna eine hilflose Vorleserin nach Auschwitz schicken lässt, wie Häftlinge sich voller Furcht vor ihr an die Wand drücken, wie Hanna mit hässlicher Fratze Kommandos schreit (S. 140 ff.).

Ein Mercedesfahrer, der den trampenden Michael nach Struthof mitnimmt, erzählt ihm von einer Erschießung in Russland, die er auf einer Fotografie gesehen hat. Ein rauchender Offizier habe zugleich verdrießlich und zufrieden zugesehen, wie Soldaten nackte Juden am Rande einer Grube von hinten erschossen hätten. Den Schergen seien ihre Opfer völlig gleichgültig gewesen, sie hätten nur ihre Arbeit verrichtet (S. 146 f.).

2 Michael besucht das Konzentrationslager Struthof um sich die Leiden der Opfer von Konzentrationslagern vorstellen zu können. Vor Ort fühlt er eine große Leere, weil sich die Anschauung nicht einstellen will. Das verschneite Konzentrationslager macht in der hellen Wintersonne eher einen freundlichen Eindruck. Michael sieht zwar das maschendrahtverhauene Tor und den um das Lager laufenden doppelten Stacheldrahtzaun, aber sonst lässt die Schneedecke von dem Lager nichts mehr erkennen.

Er fühlt sich an einen Rodelhang für Kinder erinnert, „die in den freundlichen Baracken mit den gemütlichen Sprossenfenstern Winterferien machen [...]" (S. 148).

Über das Gelände, das die beiden Fotos zeigen, breitet sich nicht wie in Schlinks Schilderung eine verhüllende Schneedecke, die im Sonnenlicht glänzt. Gleichwohl macht die Baracke auf dem linken Foto keineswegs einen gefährlichen Eindruck. Unter dem Haus mit den weiß gestrichenen Sprossenfenstern könnte man sich auch ohne die „Bemäntelung" durch Schnee etwa eine Jugendherberge vorstellen. Der hohe Schornstein im Hintergrund erinnert jedoch an Verbrennungsöfen. Auf dem rechten Foto mit dem doppelten Stacheldrahtzaun überwiegt der martialische, bedrohliche Eindruck. Trotzdem kann man angesichts der Bilder die Depression von Bernhard Schlinks Figur Michael nachvollziehen, der sich als Versager fühlt, weil sich bei ihm die Anschauung des in Struthof geschehenen Leids nicht einstellen will (S. 148 ff.).

3 Wenngleich es sich bei dem Foto um eine Synagoge handelt, werden die Schülerinnen und Schüler unschwer an den zweiten Hauptanklagepunkt in II,5 erinnert, der von den mehreren Hundert Frauen berichtet, die in einer Dorfkirche eingesperrt sind. Als eine Bombe in den Kirchturm einschlägt, fängt der Kirchenraum Feuer, aber die schweren Türen halten stand. Obwohl die Angeklagten sie hätten aufschließen können, tun sie es nicht, sodass die eingeschlossenen Frauen verbrennen (S. 103).

Spiegelung des Holocaust

Die Stute von Majdanek

Thorsten Schmitz

Die Stute von Majdanek

[Der Majdanek-Prozess …] war zugleich das erste und einzige NS-Verfahren, in dem weibliche Lagerbedienstete vor einem deutschen Gericht standen. […] In der ersten Reihe vor dem Schwurgericht, das Haar unter der Wollmütze
5 frisch geweißt, in weißer Strickjacke über einem auffallend lila Kleid, ein verbittert-kantiges Gesicht: Hermine Ryan, zu Prozessbeginn 56 Jahre alt. Sie zeigt keine Regung, auch nicht beim Anblick ihrer KZ-Kolleginnen. […] Hermine Ryan ist die Schweigsamste. Wenn sie mal spricht, bestreitet sie
10 die Vorwürfe und beugt sich wieder über ein Rätselheftchen.
[…] „Freiwillig habe ich mich nicht gemeldet", erklärte Hermine Ryan, weshalb sie nach Majdanek versetzt wurde. Staatsanwalt Ambach glaubt ihr das nicht.
[…] Irgendwann im Oktober 1943 versuchte ein Vater sei-
15 nen Sohn in einem Rucksack mit ins Lager zu schmuggeln. Hermine Ryan sah, dass sich der Rucksack bewegte und schlug mit der Peitsche drauf. Bis nur noch ein Wimmern aus dem Rucksack kam. Hermine Ryan, damals 24 Jahre alt, zog den blutenden Buben an den Haaren raus. Sie warf ihn
20 auf einen offenen Lastwagen zu den anderen Kindern: Abfahrt in die Gaskammer. […]
Weil im Frühjahr 1943 mehr Juden aus dem Warschauer Ghetto nach Majdanek deportiert wurden, als das Lager fasste, konnten die Kinder nicht sofort vergast werden. Etwa
25 hundert wurden deshalb in eine Baracke verlegt, bis in den Gaskammern wieder Platz war. Beim Abtransport packte Hermine Ryan kräftig mit an. Die Kinder, die von allein nicht auf die Todeslastwagen klettern konnten, fasste sie an Ärmchen und Beinchen und warf sie wie Schlachtvieh auf
30 die offene Ladefläche.
Einmal bittet Frau Ryan Richter Bogen um Gehör – sie sagt mit Engelsblick: „Herr Richter, der ganze Eindruck und die ganze Atmosphäre im Lager haben mich seelisch sehr belastet, ich meine als Frau." Wie sie es fertig brachte, überhaupt
35 zu töten, will Günter Bogen darauf wissen. Frau Ryan weicht aus: „Ich konnte mir kein richtiges Urteil erlauben, ob die Häftlinge zu Recht oder zu Unrecht eingesperrt waren, weil ich deren Akten nicht kannte." Ob sie denn wenigstens eingesehen habe, dass hier Unrecht geschah. „Nein. Wenn ich

Hermine Ryan, die Stute von Majdanek

© Polska Agencja Interpres

die Lebenserfahrung damals gehabt hätte. Aber ich war ja 40 erst neunzehn oder zwanzig." […] Mit Samt in der Stimme äußert sie sich das letzte Mal öffentlich: […] Sie habe Majdanek für ein „Umschulungslager" gehalten. „Im Lager gab es dann kein Zurück. Es war Krieg und jeder musste an seinem Platz ausharren, wo er hingestellt wurde." Als „Zahnrad 45 im Getriebe" sei sie in immer größerem Ausmaß mit hineingezogen worden.
Sie sei keine Mörderin: „Nur ich ganz allein und der Herrgott wissen, dass das die Wahrheit ist." Sie werde ihr ganzes restliches Leben daran zu tragen haben, dass „ein nicht zu 50 bestimmendes Schicksal mich zum Glied einer Kette machte, die zu zerreißen ich zu klein und deren Lauf einzuhalten ich nicht fähig war".
[…] Die blumige Selbstverteidigung nach fünf wortkargen Jahren nützt Ryan nichts. Die anderen acht Angeklagten er- 55 halten Haftstrafen zwischen drei und zwölf Jahren, Hermine Ryan lebenslänglich.
Fünfzehn Jahre sitzt Hermine Ryan im Mühlheimer Frauengefängnis. […] Sie näht Stofftiere und bessert so ihr Taschengeld auf. Sie turnt und vertreibt sich so die Langewei- 60 le. Sie kapselt sich von den Mitgefangenen ab und lässt niemanden in ihre Zelle. Der einzige Kontakt zur Außenwelt ist ihr Mann Russell – […]

Süddeutsche Zeitung. Magazin Nr. 50 vom 13. 12. 1996, S. 17–26

1 **a** Beschreiben Sie Gemeinsamkeiten bzw. Ähnlichkeiten und
b Unterschiede zwischen Hermine Ryan und Hanna.

2 Weshalb hat Bernhard Schlink Hanna wohl nicht so monströs wie Hermine Ryan dargestellt?

Spiegelung des Holocaust

Die Stute von Majdanek

In einem Spiegel-Gespräch (*Ich lebe in Geschichten*, 24. 1. 2000) hat Bernhard Schlink mitgeteilt, dass es „kein eindeutiges Vorbild" für die Romanfigur Hanna gebe. Dennoch bestehen bei allen Unterschieden Parallelen zwischen Hermine Ryan, der so genannten Stute von Majdanek, und der Romanfigur Hanna, die den Blick für die literarische Gestaltung Hannas schärfen.

1a

– In dem Majdanek-Prozess und in dem Prozess, der Hanna gemacht wird, stehen nur weibliche Angeklagte vor Gericht.
– Beide Frauen haben zu Prozessbeginn ihre Jugend längst hinter sich. Hermine Ryan ist 56, Hanna 43 Jahre alt.
– Hermine Ryan wurde von den Häftlingen als „Stute von Majdanek" bezeichnet. Als Michael Hanna mit einem Pferd vergleicht (S. 68 f.), ist diese entsetzt, als wisse sie, was es mit der Stute von Majdanek auf sich hat und als wolle Michael sie mit dieser vergleichen.
– Hermine Ryan zeigt gegenüber ihren Prozess-Kolleginnen keine Regung, ist schweigsam, außer wenn sie Vorwürfe bestreitet, und konzentriert sich auf Rätselheftchen. Hanna ignoriert das Publikum, spricht nicht mit den anderen Angeklagten und kaum mit ihrem Anwalt. Michael sagt von Hanna direkt, dass sie „hochmütig wirkte" (S. 95). So kann man auch das zur Schau gestellte Unbeteiligtsein von Hermine Ryan deuten.
– Beide Frauen empfinden keineswegs unüberwindbare Skrupel, wenn durch Töten Platz geschaffen werden kann. Hermine Ryan beteiligt sich sogar aktiv beim Abtransport von 400 Kindern in die Gaskammern. Ob sie gewusst habe, dass die von ihr für den Abtransport nach Auschwitz ausgewählten Frauen in den Tod geschickt wurden, scheint für Hanna nur eine Organisationsfrage zu sein. Die alten Gefangenen hätten für die neuen Platz machen müssen (S. 106 f.).
– Hermine Ryan redet sich auf den Zwang heraus im Kriege funktionieren zu müssen. Als Hanna den Vorsitzenden Richter fragt, was er denn an ihrer Stelle getan hätte (S. 107), wird deutlich, dass auch sie neben Organisations- und Sachzwängen keine humane Alternative sieht.
– Hermine Ryan behauptet, keine Mörderin zu sein. Die Wahrheit wüssten nur sie ganz allein und der Herrgott. Auf einer ähnlichen Ebene liegt, dass Hanna auf Michaels Frage, ob sie sich nicht vor dem Prozess mit der möglichen Anklage befasst habe, antwortet, dass sie keiner verstehe, keiner wisse, wer sie sei und deshalb auch keiner Rechenschaft von ihr fordern könne (S. 187).

– Eine weitere Parallele ist, dass Hermine Ryan und Hanna lebenslänglich ins Gefängnis müssen, während die Mitangeklagten nur Haftstrafen erhalten.
– Sowohl Hermine Ryan als auch Hanna kapseln sich von den Mitgefangenen ab und haben jeweils nur eine Kontaktperson zur Außenwelt: Ryan ihren Mann, Hanna Michael.

b

– Hanna gesteht, freiwillig zur SS gegangen zu sein (S. 91) und sich freiwillig für den Einsatz im Wachdienst gemeldet zu haben (S. 92), während Ryan bestreitet sich freiwillig für Majdanek gemeldet zu haben.
– Ryan behandelt die Gefangenen, selbst Kinder, äußerst grausam, von Hanna erfährt man, außer dass sie sich Vorleserinnen unter den jungen, schwachen und zarten Häftlingen aussucht, nicht, wie sie die Gefangenen im Einzelnen behandelt hat.
– Im Gegensatz zu Ryan, die gegenüber dem Richter von seelischer Belastung im Lager spricht, versucht Hanna nicht um Verständnis zu buhlen. Sie widerspricht zwar beharrlich, belastet sich aber andererseits durch bereitwilliges Zugeben selbst (S. 109 f.).
– Während Hermine Ryan im Frauengefängnis Stofftiere näht und sich mit Turnen die Langeweile vertreibt, setzt sich Hanna nach dem Erlernen der Schrift mit ihrer Schuld auseinander. Zu diesem Zweck befinden sich auf ihrem Regal die Literatur der Opfer neben der über die Täter und wissenschaftliche Abhandlungen über Konzentrationslager (S. 193).

2 Die Leserinnen und Leser müssen sich in hohem Maße auf Hanna einlassen können und dürfen sie nicht wegen ihrer Brutalität gänzlich ablehnen. Es muss glaubwürdig wirken, dass sich Michael in Hanna verliebt. Hanna darf nicht als das hartgesottene Monster wie Ryan erscheinen, weil Ryans Schuld, die normale Vorstellung übersteigend, kaum zur Auseinandersetzung herausfordert und weil eine Katharsis, auf die Hanna nach dem Erlernen der Schrift hinarbeitet, bei Menschen wie Ryan unwahrscheinlich erscheint.

Spiegelung des Holocaust

Konzentrationslager

1 Welche der auf der Karte verzeichneten Konzentrationslager werden in B. Schlinks Roman angesprochen bzw. geschildert?

2 Informieren Sie sich (im Internet: http://www.shoa.de/kz_system.html) über die Organisation von KZs und Vernichtungslagern und beantworten Sie die folgenden Fragen:
a Wie viele Konzentrationslager bestanden bis 1945 auf dem Territorium des Deutschen Reiches und in den besetzten Gebieten?
b Welche Gruppen/Völker haben die Nationalsozialisten in die KZs verschleppt?
c Worin bestand die strukturelle Veränderung der KZs am Beginn des 2. Weltkrieges?

Encarta ® multimedia encyclopedia

Detlef Bähr

KZ Natzweiler-Struthof

Die Gedenkstätte des Lagers Struthof, im „Dritten Reich" offiziell „Konzentrationslager Natzweiler" genannt, liegt im Elsass, 8 km vom Bahnhof Rothau entfernt, auf einem Gipfel der Vogesen in 800 m Höhe, in einer oft nebligen und kalten Gegend. Im September 1940 wird die Anlage des KZ geplant und am 21. Mai 1941 fertig gestellt. Das Lager wurde für 1 500 Häftlinge gebaut und zu Anfang von 150 deutschen Strafgefangenen („grüne Dreiecke") belegt. Der tatsächliche Bestand lag zu Beginn des Jahres 1944 unter 2 000, erreichte im September jedoch beinahe die Zahl von 7 000 Personen, die beim Heranrücken der Aliierten nach Dachau verlegt wurden. Vom Lager waren 18 Außenkommandos im Mosel- und Neckartal mit etwa 14 000 Häftlingen abhängig. Dieses KZ war kein Vernichtungslager im engeren Sinne, sondern diente als Straf- und Arbeitslager. Weltbekannt wurde es als berüchtigtes und gefürchtetes Lager durch die medizinischen Versuche (Fleck- und Gelbfieber durch Prof. Haagen, Gasversuche usw.). Die genaue Anzahl der hier Umgekommenen ist nicht zu ermitteln, dürfte aber mit Sicherheit mehrere Tausend betragen haben. [...]
Jedem Block oder jeder Baracke stand ein Blockältester vor, der zwei Stubenälteste unter sich hatte. Die Arbeitskapos (Vorarbeiter/Gruppenführer) wurden von der SS, meistens unter den grünen oder schwarzen „Dreiecken", ausgesucht und hatten das Recht Unterkapos zu bestimmen. Die verschiedenen Häftlingsgruppen wurden mit Stoffdreiecken gekennzeichnet: Rot – Politische Häftlinge; Violett – Bibelforscher (Zeugen Jehovas); Schwarz – „Asoziale"; Grün – Kriminelle; Rosa – Homosexuelle; Blau – Emigranten; gelber Stern – Juden. Fluchtverdächtigen wurde eine Zielscheibe aufgenäht.

http://www.shoa.de/kz_natzweiler_struthof.html

3 Beantworten Sie folgende Fragen mit Hilfe des Artikels von D. Bähr:
a Wo liegt die Gedenkstätte des Lagers Natzweiler-Struthof?
b Wodurch wurde das Lager in der Welt berüchtigt?
c Wie wurden die verschiedenen Häftlingsgruppen gekennzeichnet?

4 Informieren Sie sich – z. B. bei Eugen Kogon: Der SS-Staat. Das System der deutschen Konzentrationslager. München: Heyne 1974, S. 242 ff. oder im Internet: „Die so genannten NN-Transporte nach Natzweiler" http://www.shoa.de/kz_natzweiler_struthof.html –, weshalb die Arbeit im Steinbruch von Natzweiler besonders gefürchtet war.

5 Weshalb besucht Michael das Lager Natzweiler-Struthof?

6 Mit welchem Ergebnis hat Michael das Konzentrationslager besucht?

7 Informieren Sie sich in Geschichtsbüchern oder im Internet über das Konzentrationslager Auschwitz.

8 In welchem Zusammenhang erwähnt Bernhard Schlink dieses Konzentrationslager?

Spiegelung des Holocaust

Konzentrationslager

Bei der Darstellung von Hannas Prozess erwähnt Bernhard Schlink selbstverständlich Konzentrationslager. Über diese sollen die Schülerinnen und Schüler Fakten kennen lernen um einschätzen zu können, was B. Schlink zu diesem Thema dargestellt und was er ausgeblendet hat.

1 Bernhard Schlink erwähnt die Lager Natzweiler-Struthof, Auschwitz sowie das Nebenlager bei Krakau.

2 a Bis 1945 bestanden auf dem Territorium des Deutschen Reiches und in den besetzten Gebieten insgesamt mindestens 22 Konzentrationslager und Außenstellen.
b Die verschleppten Opfer der Nationalsozialisten reichten von Menschen jüdischen Glaubens über Sozialdemokraten, Kommunisten, Bürgerliche, Mitglieder von Religionsgemeinschaften oder religiöser Gruppen, Slawen, Sinti und Roma, Homosexuelle, Menschen, die der nationalsozialistischen Ideologie nicht entsprachen, und schließlich Berufsverbrecher.
c Die strukturelle Veränderung mit Beginn des 2. Weltkriegs bestand in der ökonomischen Ausbeutung der Häftlingsarbeit und in der „industriellen Ermordung" von Menschen.

3 a Die Gedenkstätte Natzweiler-Struthof liegt im Elsass auf 800 m Höhe in den Vogesen mit nebligem und kaltem Klima.
b Das Lager wurde weltweit berüchtigt durch die medizinischen Versuche, bei denen sicherlich mehrere Tausend Menschen umkamen.
c Die verschiedenen Gruppen der Häftlinge wurden durch Stoffdreiecke mit unterschiedlichen Farben gekennzeichnet. Zeichen der Juden z. B. war ein gelber Stern, Zeichen der Fluchtverdächtigen eine Zielscheibe.

4 Von 200 Häftlingen waren nur hundert Berufsverbrecher wirklich arbeitsfähig. Viele der anderen Hundert Arbeiter konnten kaum noch laufen, 60% von ihnen wogen unter hundert Kilo. Die ausgehungerten Häftlinge erschlugen die schwächsten Lagerinsassen um an deren Nahrung zu gelangen. „In einer einzigen Nacht wurden einmal in das Revier nicht weniger als dreißig Mann erschlagen eingeliefert." (Eugen Kogon)

5 Michael besucht das Lager in Natzweiler-Struthof, welches das nächste war, weil er „die Klischees mit der Wirklichkeit austreiben" wollte (S. 144).

6 Michael hatte sich von dem Besuch erhofft sich das Leiden der Häftlinge „konkret vorstellen" (S. 149) zu können, aber er fährt mit dem Gefühl, kläglich versagt zu haben, (S. 149) und „eine[r] große[n] Leere" (S. 150) zurück.

7 Auschwitz war das größte nationalsozialistische Konzentrationslager. Es lag 60 km westlich von Krakau in Polen. Zunächst war es Arbeitslager, ab 1941 Vernichtungslager. Häftlinge, die als nicht arbeitsfähig galten, wurden sofort in Gaskammern, die als Duschräume getarnt waren, in Auschwitz-Birkenau vergast. Täglich konnten mehrere Tausend Menschen mit Gas liquidiert werden. Als am 27. Januar 1947 (seit 1996 in der BRD offizieller Gedenktag für die Opfer des Nationalsozialismus) sowjetische Truppen das Lager befreiten, waren dort mehrere Millionen Menschen umgebracht worden. Der Name Auschwitz wurde zum internationalen Symbol für den Völkermord der Nazis.

8 Hanna war bis Frühjahr 1944 in Auschwitz als Aufseherin eingesetzt (S. 92). Sie gehörte zu den fünf angeklagten Frauen, die Aufseherinnen in einem kleinen Lager bei Krakau gewesen waren (S. 101). Ein Hauptanklagepunkt ihres Prozesses ist, dass jeden Monat von Krakau sechzig Frauen, die für die Arbeit in der Fabrik nicht mehr tauglich waren, nach Auschwitz, woher sie kamen, zurück in den Tod geschickt wurden (S. 102 f.).

Spiegelung des Holocaust

Michaels Auseinandersetzung mit der NS-Vergangenheit

Eingang des Konzentrationslagers Auschwitz mit der Parole „Arbeit macht frei" (Foto 1995)

1 Geben Sie Ihre Empfindungen und Gedanken zu dieser Fotografie von Auschwitz wieder und stellen Sie eine Beziehung zu Michaels Empfindungen bei dem Besuch von Natzweiler-Struthof (S. 148 ff.) her.

Erschießung von Juden durch deutsche Militärangehörige

Theodor W. Adorno

Erziehung nach Auschwitz

[…] Wohl sind ein paar Worte über Kälte überhaupt erlaubt. Wäre sie nicht ein Grundzug der Anthropologie, also der Beschaffenheit der Menschen, wie sie in unserer Gesellschaft tatsächlich sind; wären sie also nicht zutiefst gleichgültig gegen das, was mit allen anderen geschieht, außer den paar, mit denen sie eng und womöglich durch handgreifliche Interessen verbunden sind, so wäre Auschwitz nicht möglich gewesen, die Menschen hätten es dann nicht hingenommen. […]

Erziehung zur Mündigkeit.
Hrsg. v. Gerd Kadelbach. Frankfurt a. M.: Suhrkamp 1973, S. 101

2 Wie manifestieren sich die Kälte und Gleichgültigkeit, von der Adorno spricht, in der Episode von dem Mercedesfahrer (S. 144 ff.) und in dem Foto von der Erschießung der Juden?

3 Wo äußert sich Michael zur Erziehung nach Auschwitz?

4 Wo wird Bernhard Schlinks Skepsis gegenüber einer moralischen Holocaust-Erziehung deutlich?

Spiegelung des Holocaust

Michaels Auseinandersetzung mit der NS-Vergangenheit

Da der Roman offensichtlich in didaktischer Absicht darüber berichtet, wie Hanna und Michael auf Hannas Prozess reagieren, ist es geboten, Michaels Auseinandersetzung mit der NS-Vergangenheit eine eigene Sequenz zu widmen.

1 Das weit geöffnete Tor des KZs Auschwitz entspricht dem zynischen Motto „Arbeit macht frei". Die schnörkellose Zweckrationalität der Gebäude und Baracken lässt die Monströsität der Verbrechen, die hier geschehen sind, nicht ahnen. Allenfalls wirkt das unbewohnte Gelände verlassen und traurig. Man fühlt sich an die Ausführungen Michaels über das Konzentrationslager Natzweiler-Struthof erinnert, das ebenfalls verschneit „in der hellen Sonne" (S. 148) lag. Angesichts dieses Fotos von Auschwitz kann man die Verzweiflung Michaels darüber verstehen, dass sich die Anschauung von den schrecklichen Leiden nicht einstellen wollte. „Aber es war alles vergeblich und ich hatte das Gefühl kläglichen, beschämenden Versagens." (S. 149)

2 Der Mercedesfahrer als Rollenerzähler stellt den Henker in den Mittelpunkt seiner gefühlskalten Provokation Michaels. Dieser richte den Hinzurichtenden ohne Hass hin. Er handle auch nicht aufgrund von Befehl und Gehorsam. „Der Henker befolgt keine Befehle. Er tut seine Arbeit, hasst die nicht, die er hinrichtet, rächt sich nicht an ihnen, bringt sie nicht um, weil sie ihm im Weg stehen oder ihn bedrohen oder angreifen. Sie sind ihm völlig gleichgültig. Sie sind ihm so gleichgültig, dass er sie ebenso gut töten wie nicht töten kann." (S. 146)

Danach verwirft der Mercedesfahrer Solidarität mit dem Menschen, Würde des Menschen, Ehrfurcht vor dem Leben (S. 146). Als er dann einen Offizier schildert, der lässig rauchend mit zufriedener, vergnügter Miene die Erschießung von Juden betrachtet, und Michael ihn fragt, ob er selbst dieser Offizier gewesen sei, reagiert er äußerst aggressiv.

Es ist nicht so sehr die furchtbare Tatsache dieser Schilderung, die Michael empört, sondern die Art, wie der Mercedesfahrer darüber spricht: „Was er sagte, stimmte, aber nicht, wie er es sagte." (S. 145)

Zu dieser menschenverachtenden Schilderung aus Schlinks Roman passt die Fotografie der Erschießung von Juden. Das in Angst erstarrte Opfer am Rande der Grube wird kontrastiert durch den gleichgültigen, geschäftsmäßigen Gesichtsausdruck, mit dem der Scherge sein gnadenloses „Handwerk" verrichtet, und durch die gleichgültige Körperhaltung der „Gaffer", die dieser Exekution zuschauen.

Fazit: Romanausschnitt und Foto belegen eindringlich die Gefühlskälte und Gleichgültigkeit, von der Adorno spricht.

3 Michael berichtet von den Aktivitäten seiner Generation, die in besonderem Maße von der Erziehung nach Auschwitz geprägt war. Er besucht Hannas Prozess als Mitglied eines KZ-Seminars, das sich berufen fühlt aufklärerisch und anklägerisch aufzutreten (S. 88). Zunächst habe er sich vorgemacht nur wissenschaftlich oder auch politisch und moralisch motiviert zu sein. „Aber ich wollte mehr, ich wollte das gemeinsame Eifern teilen." (S. 89) Er erzählt von seiner Unsicherheit gegenüber den Furchtbarkeiten der Vernichtung der Juden. „ Sollen wir nur in Entsetzen, Scham und Schuld verstummen?" (S. 100), während einige wenige verurteilt und bestraft werden.

Nachdem er gestanden hat, dass die Bilder von KZs zu Klischees erstarrten (S. 143), besucht er das Lager Struthof um „die Klischees mit der Wirklichkeit auszutreiben" (S. 144). Dabei begegnet er einem Autofahrer, der zynisch von der Vernichtung der Juden wie von einem Alltagsjob berichtet und Michael äußerst betroffen macht (S. 144 ff.). Auch der zweite Besuch in Struthof, um sich „ das Leiden konkret vorzustellen" (S. 149), misslingt und Michael „hatte das Gefühl kläglichen, beschämenden Versagens" (S. 149). Schlink scheint die allgemeine Gefühllosigkeit, die oft eintritt, wenn man sich mit Schwächeren identifiziert, und die Tatsache, dass Opfer sich zuweilen mit Aggressoren identifizieren, in der parabelähnlichen Geschichte des Mannes mit dem Holzbein eingekleidet zu haben, die Michael auf dem Rückweg von Struthof erlebt (S. 150 f.)

4 Bernhard Schlinks Skepsis gegenüber der Art, wie sich die so genannte zweite Generation, die auch seine eigene ist, mit der nationalsozialistischen Vergangenheit auseinander setzte, artikuliert Michael. Er berichtet darüber, wie sich die Studentenbewegung damit befasste und von seiner Distanz zu den anderen Studenten, die ihn Abstand von Agitation und Demonstration nehmen ließ (S. 160). „Manchmal denke ich, dass die Auseinandersetzung mit der nationalsozialistischen Vergangenheit nicht der Grund, sondern nur der Ausdruck des Generationenkonflikts war, der als treibende Kraft der Studentenbewegung zu spüren war." (S. 161) Die Kinder [die zweite Generation, E. M.] hätten gemeint sich mit ihren Eltern nicht wirklich auseinander setzen zu müssen, „weil diese im Dritten Reich oder spätestens nach dessen Ende versagt hätten" (S. 161). Er fragt sich, woher bei seinen Kommilitonen „die auftrumpfende Selbstgerechtigkeit" (S. 162) kam. Das Empfinden von Schuld und Scham und das selbstgerechte Auftrumpfen passen nach seiner Meinung nicht zusammen. Er hält es sogar für möglich, dass die Distanzierung von den Eltern „nur Rhetorik, Geräusch, Lärm" (S. 163) sei, womit übertönt würde, dass die Kinder durch die Liebe zu ihren Eltern in deren Schuld verstrickt seien.

Zeiten, Räume, Personen

Zeiten und Orte

Hanna	gemeinsame Erlebnisse	Michael
geb. 21. 10. 1922 bei Hermannstadt (S. 70, 91)		geb. Juli 1943 (S. 5, 40, 70)
	Oktober 1958: erste Begegnung von Michael und Hanna (S. 6 f.)	

1 Vervollständigen Sie die Tabelle.
Tragen Sie in die linke Spalte Hannas, in die rechte Michaels Lebensdaten ein und geben Sie in der Mitte Erlebnisse an, die beide betreffen.

Zeiten, Räume, Personen

Zeiten und Orte

Zusammen mit den teilweise konkreten Orts- lassen die Zeitangaben die Handlung authentisch erscheinen.

Hanna	gemeinsame Erlebnisse	Michael
geb. 21. 10. 1922 bei Hermann-stadt (Rumänien) (S. 70, 91)		geb. Juli 1943 (S. 5, 40, 70)
1939/40: Arbeit bei Siemens in Berlin (S. 91)		
Herbst 1943: geht zur SS (S. 91) bis Frühjahr 1944 Aufseherin in Auschwitz (S. 92)		
bis Winter 1944/45: Aufseherin in einem Lager bei Krakau (S. 92)		
Winter 1944/45: Flucht mit den Gefangenen nach Westen Brand der Kirche (S. 92, 116 f.)		
nach 1945: Jobs in Kassel und anderen Orten, 8 Jahre (seit 1951) in Michaels Heimatstadt (S. 92)		
	Oktober 1958: erste Begegnung von Michael und Hanna (S. 6 f.)	Herbst 1958: an Gelbsucht erkrankt (S. 1)
	Ende Februar 1959: sexuelle Beziehung beginnt (S. 26 f.)	ist von seiner Krankheit genesen (S. 7)
	Osterferien 1959: Hanna ignoriert Michael in der Straßenbahn (S. 46)	
	Ostern 1959: gemeinsame Fahrradtour (S. 51 ff.)	
	Sommer 1959: Ende der Beziehung Hannas Verschwinden (S. 78 ff.)	
		1959–1966: letzte Schuljahre Umzug in einen anderen Stadtteil Jurastudium, enttäuschende Beziehung zu Sophie (S. 84 f.)
Frühjahr bis Juni 1966: Hannas Prozess und Verurteilung (S. 90, 156)	Frühjahr 1966: Michael sieht Hanna vor Gericht wieder (S. 86 f.)	Frühjahr bis Sommer 1966: Seminar über KZ-Prozesse (S. 87)
		Sommer 1967: Beendigung des Studiums Referendariat (S. 160)
		1968/1969: Heirat mit Gertrud und Geburt der Tochter Julia (S. 164)
		1973/1974: Scheidung Beziehungen mit anderen Frauen (S. 165)
	1974–1984: Michaels Lektüre-Kassetten für Hanna (S. 174 f.)	
	1978: Hannas erster Brief an Michael (S. 177)	
	Sommer 1984: Michael besucht Hanna im Gefängnis (S. 184 ff.)	
Sommer 1984: Selbstmord am Tage der Entlassung (S. 192)		
		Herbst 1984: Besuch bei der Tochter in New York wegen Hannas Testament (S. 199 ff.) Besuch von Hannas Grab (S. 207)
		1994: Michaels und Hannas Geschichte beendet (S. 205 f.)

Zeiten, Räume, Personen

Hanna

Einführung	Auszüge aus Lebenslauf

Äußere Erscheinung	Plötzliche Brutalität

Hannas Vergangenheit	Analphabetismus

Dominat gegenüber Michael	Zwei Gesichter

Hannas Literatur über Konzentrationslager	

1 Ordnen Sie in der Tabelle den vorgegebenen Stichwörtern zu Hanna entsprechende Befunde oder Zitate zu.

Zeiten, Räume, Personen

Hanna

Einführung

Hanna wird als resolute und tatkräftige Frau eingeführt. Gleichwohl ist der erste Eindruck nicht vollkommen positiv; denn sie nimmt sich Michaels „fast grob" (S. 6) an. Sie „klatscht" ihm das Wasser ins Gesicht und gibt ihm einen kurzen Befehl („Nimm den anderen!") beim Säubern des Gehwegs (S. 6). Als sie Michael jedoch weinen sieht, nimmt sie ihn „in die Arme" und bringt den kranken Jungen verantwortungsvoll nach Hause (S. 7). Die schwungvollen Bewegungen Hannas beim Reinigen des Weges und bei dem Gang zu Michaels Wohnung passen zu der resoluten Frau (S. 6 f.).

Auszüge aus Lebenslauf

- geb. am 21. Oktober 1922 bei Hermannstadt
- in Berlin bei Siemens gearbeitet und im Herbst 1943 freiwillig zur SS gegangen
- bis Frühjahr 1944 in Auschwitz und bis Winter 1944/45 in einem kleinen Lager bei Krakaus eingesetzt führt von dort Gefangene nach Westen
- bei Kriegsende in Kassel und danach wechselnde Arbeitsplätze
- acht Jahre in Michaels Heimatstadt als Schaffnerin (S. 92)

Äußere Erscheinung

Auch in der Schilderung ihres Äußeren ist Hanna in Bewegung, „langsam und konzentriert" (S. 14) bügelt sie. Beim ersten näheren Hinschauen nimmt Michael sie in einem erotischen Kontext wahr. „Sie bügelte auch ihre Unterwäsche." (S. 14) Ihre Kleidung („ärmellose Kittelschürze") unterstützt diese Wirkung. Michael erinnert sich an „schulterlanges, aschblondes Haar im Nacken mit einer Spange gefasst" (S. 14). Der spätere Umgang mit Hanna scheint nicht unproblematisch zu werden; denn wenn er sie sich vor Augen rufen will, „stellt sie sich ohne Gesicht ein" (S. 14). Er weiß, dass er sie schön fand, kann aber ihr Aussehen nur rekonstruiert mitteilen. „Hohe Stirn, hohe Backenknochen, blassblaue Augen, volle, ohne Einbuchtung gleichmäßig geschwungene Lippen, kräftiges Kinn, ein großflächiges, herbes frauliches Gesicht." (S. 14)

Plötzliche Brutalität

Während der gemeinsamen Radtour schlägt Hanna Michael in einer Aufwallung plötzlicher Brutalität mit dem Ledergürtel ins Gesicht (S. 54). Diese Unbeherrschtheit kann auch die Tatsache nicht ungeschehen machen, dass sie Michaels Zettel nicht lesen konnte und anschließend hemmungslos weint.

Hannas Vergangenheit

Schon früh macht der Erzähler Andeutungen, dass Hanna ihre Vergangenheit verdrängt haben muss: „[...] es war, als krame sie, was sie mir antwortete, aus einer verstaubten Truhe hervor." (S. 40) Es gibt weitere Hinweise darauf, dass mit Hannas Vergangenheit irgendetwas nicht stimmt und dass sie Grund hatte Teile ihres Vorlebens zu vergessen: „Das alles erzählte sie, als sei es nicht ihr Leben, sondern das Leben eines anderen, den sie nicht gut kennt und der sie nichts angeht." (S. 40) Mit der Bemerkung „Was du alles wissen willst, Jungchen!" wischt sie Michaels Nachfragen nach ihren Eltern, Geschwistern, nach dem Leben in Berlin und bei den Soldaten weg. Weitere Daten aus Hannas Vergangenheit finden sich hier unter „Auszüge aus Lebenslauf", mit einem Unterschied: Sie erzählt Michael, dass sie „zu den Soldaten geraten" (S. 40) sei, vor Gericht gibt sie zu, dass sie freiwillig zur SS gegangen sei (S. 91).

Analphabetismus

„Deswegen hatte sie sich vorlesen lassen [....] Deswegen hatte sie, um der Konfrontation mit dem Sachverständigen zu entgehen, zugegeben den Bericht geschrieben zu haben." (S. 126 f.) Michael kann das alles verstehen, aber nicht ihr Verhalten im Prozess. „Wenn Hannas Motiv die Angst vor Bloßstellung war – wieso dann statt der harmlosen Bloßstellung als Analphabetin die furchtbare als Verbrecherin?" (S. 128) Man kann der Meinung sein, dass Bernhard Schlink mit seiner Protagonistin als Analphabetin die Unmenschleitder Täter in Konzentrationslagern verharmlost.

Dominat gegenüber Michael

Michael erzählt von seinem Schulschwänzen und Hanna wirft ihn darauf mit unvermittelter Impulsivität raus. Michael weiß, dass sie Recht hat. Gleichwohl erkennt er die Fragwürdigkeit ihres Verhaltens: „[...] sie hatte kein Recht von mir zu fordern, dass ich mehr für die Schule tue, und davon abhängig zu machen, ob wir uns sehen." (S. 37) Nachdem Hanna Michael in der Straßenbahn ignoriert hat, behandelt sie ihn kalt, gleichgültig und ironisch, bis er wider besseres Wissen alle Schuld auf sich nimmt (S. 47 ff.): „Ich hatte gedankenlos, rücksichtslos, lieblos gehandelt." (S. 49) Hanna kann solche Machtspiele treiben, weil Michael ihr sexuell verfallen ist. Er fragt sich selbst: „Ob sie sich ausgezogen hatte, weil sie wusste, dass mir das nicht aus dem Sinn gehen [...] würde." (S. 49)

Zwei Gesichter

Bis zu Hannas Versuch der Läuterung im Gefängnis bleibt sie für Michael eine Frau mit zwei Gesichtern: „Ich sah Hanna bei der brennenden Kirche, mit hartem Gesicht, schwarzer Uniform und Reitpeitsche." (S. 140) „Neben diesen Bildern sah ich die anderen. [...] Hanna, die mir zuhört, die zu mir redet, die mich anlacht, die mich liebt." (S. 141)

Hannas Literatur über Konzentrationslager

Offensichtlich hat Hanna, nachdem sie lesen gelernt hatte, an ihrer Schuld gearbeitet. Die Leiterin des Gefängnisses: „Sie hat die Bücher jedenfalls mit Bedacht bestellt [...] und dann hat sie mich vor ein oder zwei Jahren gebeten, ihr Bücher über Frauen in KZs zu nennen, Gefangene und Wärterinnen." (S. 194)

Zeiten, Räume, Personen

Michael

Familienverhältnisse	Denk- und Gefühlsunsicherheit

Äußere Erscheinung	Wandlung im Gerichtssaal

Abhängigkeit von Hanna	Auseinandersetzung mit der NS-Vergangenheit

Der Vorleser	Überwindung der Schuldgefühle

1 Ordnen Sie in der Tabelle den Stichwörtern zu Michael entsprechende Befunde oder Zitate zu.

Zeiten, Räume, Personen

Michael

Familienverhältnisse

Michaels Vater, ein Philosophieprofessor, besitzt ein stattliches Haus mit großzügigem Ambiente.
Die Bibliothek verweist auf Michaels bildungsbürgerliche Herkunft (S. 5, 135, 60 f.). Er hat drei Geschwister, einen älteren Bruder, mit dem er sich Wortgefechte liefert, eine kleine, freche jüngere Schwester und eine ältere Schwester, die Germanistik studiert (S. 29 ff.)
Die Mutter, offensichtlich Hausfrau, setzt die Handlung in Gang, indem sie Michael zu Frau Schmitz schickt (S. 7).

Äußere Erscheinung

Der mittelmäßige Schüler Michael ist eher unscheinbar. Deshalb glaubt er auch von Lehrern und Mitschülern nicht recht wahrgenommen zu werden. Mit zu langen Armen und zu langen Beinen bewegt er sich unkoordiniert, seine Brille ist ein billiges Kassenmodell und sein Haar „ein zauser Mop" (S. 39). Gleichwohl trägt er die elegante Kleidung eines verstorbenen Onkels (S. 38).

Abhängigkeit von Hanna

Nachdem Michael Hanna beim Hochstreifen der Strümpfe beobachtet hat, kommt er nicht mehr von ihr los.
In I,5 (S. 19 ff.) werden seine sexuellen Träume und Schuldgefühle beschrieben. Noch deutlicher wird seine Abhängigkeit in I,10 geschildert, als Hanna ihn in der Straßenbahn nicht erkennen will. Bei einer Aussprache verliert Michael die Machtprobe mit ihr und nimmt alles auf sich (S. 49). Er erkennt: „Aber so oder so hatte ich keine Wahl." (S. 50) Selbst nachdem Hanna ihn in I,11 brutal mit dem Lederriemen geschlagen hat, unterwirft er sich hilflos ihrem Dominat (S. 54 ff.). Als Hanna Michael verlassen hat, bleibt die körperliche Abhängigkeit, die sich in ein „Gefühl der Schuld" (S. 80) wandelt, das immer wieder aufflammt und sich nie ganz verliert (S. 206).

Der Vorleser

Nach dem Leitmotiv des Vorlesens hat Schlink sein Buch betitelt. Es stellt die Umkehrung der sexuellen Abhängigkeit Michaels von Hanna dar, weil die Analphabetin Hanna an den Vorleser Michael gebunden ist. Hannas sympathisch natürliche Reaktionen auf Michaels Vorlesen (S. 43, 56, 67 f., 179) zeigen aber auch die Problematik des Motivs, weil beim Leser gegenüber Hanna eben durch dieses Verhalten die normalen schrecklichen Assoziationen an eine KZ-Aufseherin nicht aufkommen können. Michaels Vorlesen für die inhaftierte Hanna ist ebenfalls fragwürdig, denn er instrumentalisiert dies um die Verbindung mit Hanna nicht abreißen zu lassen, sie sogar zur „Instanz" für seine Kreativität und kritische Fantasie zu machen (S. 176), sie zugleich aber durch den Verzicht auf persönliche Kommunikation (S. 176, 179) auf Distanz zu halten.

Denk- und Gefühlsunsicherheit

Die Widersprüchlichkeit von Gefühlen und Gedanken ist für Michael charakteristisch. Entscheidende Ursache dafür ist neben Unterschieden der Sozialisation, dass er sich in Hanna verliebt ohne zu wissen, dass sie KZ-Aufseherin war und Analphabetin ist.
Obwohl Michael seinen Zettel, mit dem er sich kurzfristig abgemeldet hat, bei Hanna nicht findet, fragt er sich gegen alle Vernunft, ob alles ein Missverständnis war (S. 56). Nachdem er Sophie kennen gelernt hat, schwankt er zwischen Hanna und ihr (S. 66). In der Angst, Hanna zu verlieren, entschuldigt er sich. „Aber ich war voller Groll." (S. 71) Nach dem Verlust Hannas sind Michaels Denken und Gefühle gespalten. Ihm selbst ist „dieses Nebeneinander von Kaltschnäuzigkeit und Empfindsamkeit" (S. 85) suspekt. Michael erscheint der Vergleich von Tätern, Opfern, Toten, Lebenden, Überlebenden und Nachlebenden von größter Wichtigkeit. Dennoch war und ist ihm dabei nicht wohl (S. 99). Einerseits hat Michael schreckliche Visionen von Hanna als Aufseherin, andererseits sieht er andere Bilder von Hanna als Geliebter. Schließlich zersetzen die Visionen die erinnerten Bilder von Hanna (S. 141 f.). Michael schwankt zwischen dem Gefühl, durch Verrat an Hanna schuldig geworden zu sein, und dem Vorwurf, dass sie sich aus ihrer Schuld gestohlen habe (S. 190). Er gerät in das größte Dilemma, als er Hannas Verbrechen zugleich verstehen und verurteilen will und muss einsehen, dass dies unmöglich ist (S. 151 f.).

Wandlung im Gerichtssaal

Michael und seine Kommilitonen kommen sehr selbstbewusst mit einem „aufklärerischen und anklägerischen Auftrag" (S. 88) in den Gerichtssaal. Michael berichtet dann von einer Betäubung des Gefühls als Reaktion auf den „Einbruch des Schrecklichen in den Alltag" (S. 98), die mehr oder weniger alle Beteiligten an Hannas Prozess und dessen Zuhörer erfasst (S. 96 ff.). Ein Besuch in Struthof bringt nicht die erwünschte innere Offenheit gegenüber dem Leid der KZ-Häftlinge. „Meine Eindrücke von Struthof gesellten sich den wenigen Bildern von Auschwitz und Birkenau und Bergen-Belsen zu, die ich schon hatte, und erstarrten mit ihnen." (S. 152) Michael ist über die bleibende Betäubung nicht „froh", aber er erkennt deren Schutzfunktion, die Rückkehr in den Alltag und Weiterleben erlaubt (S. 155).

Auseinandersetzung mit der NS-Vergangenheit

Michael berichtet von dem ungebrochenen Schwung der Studenten des Seminars bei der Aufarbeitung der NS-Vergangenheit, für welche die Generation der Eltern vor Gericht stand. „[...] wir verurteilten sie in einem Verfahren der Aufarbeitung und Aufklärung zu Scham." (S. 87) Später erkennt er, dass die Aufarbeitung der Vergangenheit mit der Abschiebung der Schuld auf die Eltern nicht erledigt sein kann. Ihm wird bewusst, dass die Auseinandersetzung mit der nationalsozialistischen Vergangenheit „nicht der Grund, sondern nur der Ausdruck des Generationenkonflikts war" (S. 161). Er begreift, dass auch die so genannte dritte Generation, die ihren Eltern nichts vorwerfen konnte, sich dem Thema stellen muss: „Für sie war die Auseinandersetzung mit der nationalsozialistischen Vergangenheit nicht die Gestalt eines Generationenkonflikts, sondern das eigentliche Problem." (S. 161)

Überwindung der Schuldgefühle

Michael ist aufgrund seiner Erziehung für Schuldgefühle anfällig (S. 20), z. B. sein Glaube, Hanna gegenüber seinen Freunden verraten zu haben (S. 72 ff.). Später fühlt er sich schuldig, weil er eine „Verbrecherin" geliebt hatte (S. 129). Danach ist es das Gefühl „beschämenden Versagens" (S. 149), als sich die Anschauung der Verbrechen in den KZs nicht einstellen will. Auch in den Jahren nach Hannas Tod bleiben Skrupel, aber die „damaligen Schuldgefühle" kommen nur noch sporadisch auf (S. 206).

Zeiten, Räume, Personen

Hanna und Michael, eine unselige Liebe

Hanna: Verunsicherungen	Gemeinsames	Michael: Verunsicherungen

1 Tragen Sie unter Berücksichtigung des ersten Roman-Teils ein,
welche Verunsicherungen bei den Liebenden entstehen und was Hanna und Michael gemeinsam haben.

2 Begründen Sie vom Verlauf des gesamten Romans her,
weshalb Bernhard Schlink im ersten Teil eine „Liebe im Gleitflug" (S. 67) darstellt.

Sigrid Löffler

Kritik des Romans im Literarischen Quartett, Dezember 1995

Ich habe mit diesem Roman die größten Probleme gehabt. […] Aus folgendem Grund: Er suggeriert, dass dieser Fall ein paradigmatischer, ein beispielhafter Fall sei, der eine allgemeine Gültigkeit hätte. Nämlich, dass man jemanden
5 liebt, den man nicht kennt, der sich später als ein Verbrecher herausstellt, und somit man sich selbst, weil man ihn geliebt hat ohne ihn zu kennen, mitschuldig macht. Also dieses Gefühl des jungen und nicht mehr ganz so jungen Mannes, da mitschuld zu sein in irgendeiner Weise, zieht sich wie ein ro-
10 ter Faden durch den ganzen Roman. Jetzt würde ich doch meinen, dass dieser Fall, der hier referiert wird, das Abstruseste, Abartigste und Konstruierteste ist, das man sich überhaupt vorstellen kann.

Analphabetismus ist schon mal ein Thema, das hier auch als eine Art Entschuldigung eingeführt wird: Denn die Frau – es 15 geht gar nicht so sehr um die Verbrechen, die sie als KZ-Aufseherin begangen hat – kann gar nicht mehr so schuld sein, weil ihr solches Unrecht im Prozess passiert. Also eigentlich ist die ganze Strategie des Romans eine der Relativierung von Schuld durch diesen Analphabetismus. 20
Und das zweite – durch diese Liebesgeschichte.
Zum dritten wird diese Person im dritten Teil im Gefängnis geradezu eine Heroine, die nämlich zu ihrer eigenen Läuterung diesen Gefängnisaufenthalt auf sich nimmt.
Alles das sind für mich zutiefst dubiose und fragwürdige 25 Strategien.

Stephan Reichenberger u. a. (Hrsg.): Marcel Reich-Ranicki/Sigrid Löffler/Hellmuth Karasek:
… und alle Fragen offen. Das Beste aus dem Literarischen Quartett. München: Heyne [3]2000, S. 441 f.

3 Lesen Sie die Kritik von Sigrid Löffler an B. Schlinks Roman. Gehen Sie bestätigend oder widerlegend auf sie ein:

Pro	Kontra

Zeiten, Räume, Personen

Hanna und Michael, eine unselige Liebe

Die Liebesgeschichte zwischen Michael und Hanna ist hart kritisiert worden. Deshalb muss ihre Funktion untersucht werden.

1 Hanna: Verunsicherungen	Gemeinsames	Michael: Verunsicherungen
– 21 Jahre älter als Michael (S. 91) – Straßenbahnschaffnerin (S. 24) – Kriegsvergangenheit (S. 92) – Michal: Schüler – ihre rigide Auffassung von Arbeit (S. 36 f.) – verschlossen bezüglich ihrer Vergangenheit und Zukunft (S. 40) – festigt ihre Position durch Machtprobe (Situation in der Straßenbahn, S. 47 ff.) – brutales Schlagen während der Fahrradtour (S. 54 f.) – verstörte Reaktion auf Vergleich mit einem Pferd (S. 68 f.) – Abschottung ihrer Tätigkeiten außerhalb des Zusammenseins (S. 75 f.) – Verschwinden ohne Nachricht (S. 79 f.)	– das Ritual des Duschens, Liebens und Beieinanderliegens (S. 43) – Michaels Vorlesen und Hannas aktives Zuhören (S. 43, 56) – gemeinsame Fahrradtour mit harmonischer Liebe (S. 56 f.) – Geschenk des gestohlenen Nachthemdes, Hannas Freude (S. 62) – Liebe von nie gespürter Intensität vor Hannas Verschwinden (S. 77)	– andere Herkunft: großbürgerliche Familie (S. 29 ff.) – Schüler, 16 Jahre alt – teilweise unerwiderte Suche nach Zärtlichkeit (S. 45 ff.) – Erhalten der Liebe durch Kapitulation (S. 48 ff.) – keine Antwort auf ausführliche Briefe (S. 50) – Besuch der Bibliothek von Michaels Vater (S. 60 ff.) – Sophies Bild schiebt sich neben das von Hanna (S. 65 f.) – Treffen von Michaels Klasse im Schwimmbad (S. 70 f.) – fühlt sich schuldig Hanna verraten zu haben (S. 72 f.)

2 Im zweiten Teil trifft Michael Hanna im Gerichtssaal wieder. Es wird betont, dass er beim Wiedererkennen nichts fühlt (S. 91). Er will auch nicht, dass Hanna Haftverschonung erhält: Sie soll „bloße Erinnerung" bleiben (S. 93). Alle Verunsicherungen, die Hanna auf Michael ausgeübt hat, bewirken, dass sich Michael ihr gegenüber abkapselt und dass die späteren Enthüllungen ihres Verbrechens ihn nicht wie ein Keulenschlag treffen. Mit der Erwähnung von Hannas Brutalität während der Fahrradtour und mit den Hinweisen auf die Abschottung ihrer Vergangenheit und ihres Privatlebens erreicht Bernhard Schlink, dass die Enthüllung von Hannas Vergangenheit nicht unglaubwürdig wirkt. Auch Michaels Schuldgefühle, Hanna verraten zu haben, zeigen, dass die Liebe des ungleichen Paares nur durch ein schmales Band von Übereinstimmungen zusammengehalten wird.

3 Pro	Kontra
– Hannas Schuld wird durch ihre Unkenntnis der Anklageschrift relativiert, da sie keine Strategie zu ihrer Verteidigung entwerfen kann bzw. nicht in der Lage ist diese mit ihrem Verteidiger zu besprechen. Man kann zumindest bezweifeln, ob die Höhe ihrer Bestrafung gerechtfertigt ist. – Dass sich ein junger Mann unwissentlich in eine KZ-Aufseherin verliebt, ist unwahrscheinlich und konstruiert. – Es ist auch unwahrscheinlich, dass ein Gefängnisaufenthalt bei KZ-Verbrechern zu einer Läuterung führt.	– Man muss den Roman nicht als beispielhaften Fall lesen, sondern kann ihn auch im Sinne einer Novelle als unerhörte Begebenheit auffassen. – Die Schuldgefühle Michaels erscheinen im Sinne einer Tragödie, in der Menschen unschuldig schuldig werden, plausibel. – Man mag die Handlung für konstruiert halten, muss aber doch zugestehen, dass sie mit der Liebesgeschichte Leserinnen und Leser zur Auseinandersetzung mit der NS-Vergangenheit bringt, die sich darauf sonst möglicherweise nicht einlassen würden.

Die Schuld

Hanna vor Gericht

Hanna wird aufgerufen und tritt nach vorne (S. 91).

Hannas Anwalt verlangt Haftverschonung (S. 93).

Michael liest Hannas Gemütszustand aus Körperhaltungen (S. 95 f.).

Hanna fragt, warum man ihr etwas anhängen wolle (S. 105).

Richter fragt Hanna nach ihrer Verantwortung für die Rücktransporte (S. 106), klägliche Antwort des Richters auf ihre Gegenfrage (S. 107).

Hanna widerspricht beharrlich oder gibt bereitwillig zu (S. 105).

Die so genannte Tochter widerlegt, dass Hanna ihre Schützlinge missbraucht hat. Hanna schaut Michael daraufhin nur an (S. 112 f.).

Hanna gibt zu, den Bericht geschrieben zu haben (S. 130).

Hanna wird beschuldigt den belastenden Bericht (Akten der SS) geschrieben zu haben (S. 123).

Das Gericht fliegt für zwei Wochen nach Israel (S. 140).

Verkündung des Urteils: lebenslängliche Haft für Hanna (S. 156).

1 Hier sind zentrale Gerichtsszenen mit Hanna genannt.
Notieren Sie in Ihrem Heft, wie Michael, der Richter, die Mitangeklagten und das Publikum darauf reagieren und wie sich Hanna ihrerseits gegenüber dem Richter verhält.

© ullstein – Fotoagentur imo

Justitia mit Schwert und Waage
Brunnenfigur, Amtsgericht Frankfurt a. M.

2 Inwieweit hat Hanna eine Vorstellung von Gerechtigkeit, wie sie in dieser Justitia-Skulptur zum Ausdruck kommt?

3 Beurteilen Sie Hannas Verhalten während des Prozesses unter den Gesichtspunkten „Einsicht" und „Reue".

4 Inwiefern trägt Hanna dazu bei, dass sie zu lebenslänglicher Haft verurteilt wird?

5 Welche Folgen hat der Prozess für Michaels Fantasien?

Die Schuld

Hanna vor Gericht

1 Romanszene	Reaktion
Hanna wird aufgerufen und tritt nach vorne (S. 91).	Michael erkennt sie, aber fühlt nichts (S. 91).
Hannas Anwalt verlangt Haftverschonung (S. 93).	Michael erschrickt, will sie weit weg haben (S. 93).
Michael erkennt Hannas Gemütszustand an Körperhaltungen (S. 95 f.).	Michael vergleicht seine Empfindungen mit der Gefühllosigkeit eines betäubten Arms (S. 96 f.).
Hanna fragt, warum man ihr etwas anhängen wolle (S. 105).	Richter versteht das als Vorwurf der Rechtsbeugung und reagiert mit Schärfe (S. 105).
Hanna widerspricht beharrlich oder gibt bereitwillig zu (S. 105).	Sie hat kein Gefühl für die Regeln, nach denen gespielt wird (S. 105).
Richter fragt Hanna nach ihrer Verantwortung für die Rücktransporte (S. 106), klägliche Antwort des Richters auf ihre Gegenfrage (S. 107 f.).	Das Publikum ist über das Verhalten des Richters enttäuscht; Hanna nutzt dies nicht für sich (S. 108).
Die so genannte Tochter widerlegt, dass Hanna ihre Schützlinge missbraucht hat. Hanna schaut Michael daraufhin nur an (S. 112 f.).	Michael wünscht, dass Hanna sich verteidigt und entlastet (S. 113).
Hanna wird beschuldigt den belastenden Bericht (Akten der SS) geschrieben zu haben (S. 123).	Sie gesteht die Verfasserin zu sein um die Bloßstellung als Analphabetin zu vermeiden (S. 124).
Hanna gibt zu, den Bericht geschrieben zu haben (S. 130).	Die Mitangeklagten beschuldigen Hanna sie bedroht und das Kommando an sich gerissen zu haben (S. 130).
Das Gericht fliegt für zwei Wochen nach Israel (S. 140).	Statt zu studieren verliert sich Michael in Bildern von Hanna als brutaler Aufseherin und als Geliebter (S. 140 ff.).
Verkündung des Urteils: lebenslängliche Haft für Hanna (S. 156).	Hannas Kleidung erinnert an eine SS-Uniform. Sie nimmt das Urteil „ohne jede Bewegung entgegen". Ihr „unendlich müder Blick [...], der niemanden und nichts sehen will" (S. 157).

2 Hanna kämpft während des Prozesses „um ihre Wahrheit, ihre Gerechtigkeit" (S. 128). Wenngleich die Einsichtsfähigkeit in ihre Schuld begrenzt ist, hat Hanna ein ausgeprägtes Gerechtigkeitsempfinden: „Hanna wollte es richtig machen. Wo sie meinte, ihr geschehe Unrecht, widersprach sie, und sie gab zu, was ihres Erachtens zu Recht behauptet und vorgeworfen wurde. Sie widersprach beharrlich und gab bereitwillig zu, als erwerbe sie durch das Zugeben das Recht zum Widerspruch oder übernehme mit dem Widersprechen die Pflicht zuzugeben, was sie redlicherweise nicht bestreiten konnte." (S. 105)

3 Ohne ethische Reflexionen schickt sie als gehorsame Befehlsempfängerin Häftlinge in den Tod. Die Bemerkung des

Richters, dass Menschen sterben mussten, weil sie Platz haben schaffen wollen, versteht sie nicht (S. 106 f.). Zu Einsicht und Reue kommt sie erst während ihrer Haftzeit (vgl. S. 193 f.).

4 Ohne Gefühl für die Spielregeln vor Gericht reizt Hanna den Richter. Mit ihrer Bereitwilligkeit zu Zugeständnissen ärgert sie die anderen Angeklagten (S. 109). Sie erkennt die günstige Beweislage für die Angeklagten nicht (S. 109).

5 Michael weiß, dass die fantasierten Bilder nur „armselige Klischees" sind, aber in Verbindung mit Bildern von Konzentrationslagern, die selber zu Klischees erstarren, zersetzen sie die erinnerten Bilder von Hanna (S. 142 f.).

Die Schuld

Michaels und Hannas Schuld

Michaels Schuld		
S. 72	Michael meint Hanna durch Verleugnen verraten zu haben.	Schuldgefühle

Hannas Schuld		
S. 54	Hanna zieht Michael den Ledergürtel durchs Gesicht.	Unbeherrschtheit

1 Ergänzen Sie die Tabelle über Michaels und Hannas Schuld.
Als Kommentar rechts können Sie Bemerkungen über Schuldgefühle, Verdrängung, Einsicht u. Ä. eintragen.

2 Wodurch unterscheiden sich Michaels und Hannas Schuld?
Berücksichtigen Sie zum Beispiel die Art der Schuld (moralisch, ethisch, juristisch),
die Fähigkeit zur Erkenntnis der Schuld und die Sühne.

Die Schuld

Michaels und Hannas Schuld

1	**Michaels Schuld**	
S. 72	Michael meint Hanna durch Verleugnen verraten zu haben.	Schuldgefühle
S. 80	M. beschuldigt sich, im Schwimmbad gegenüber H. halbherzig gewesen zu sein	Schuldgefühle
S. 83	M.s Schuldgefühle gegenüber H. verlieren sich nach deren Weggang.	Schuldgefühle verlieren sich.
S. 127 ff.	M. reflektiert H.s Schuld. Er mag nicht glauben, dass sich H. aus Angst vor der Bloßstellung als Analphabetin für die Bloßstellung als Verbrecherin entschieden hat.	Das Ausmaß von H.s Schuld bleibt ungewiss.
S. 129	M. hält sich für schuldig. Er habe H. verraten und eine Verbrecherin geliebt.	Schuldgefühl
S. 140 ff.	M.s Fantasien von H. als gefühlloser Aufseherin und von H., die ihn liebt.	Verunsicherung über H.s Persönlichkeit
S. 151	M. will H.s Verbrechen zugleich verstehen und verurteilen.	M. kann sich von H. nicht befreien.
S. 162	M. kann seine Schuld nicht auf H. projizieren, weil er H. gewählt hat.	M. ist in H.s Schuld verstrickt.
S. 190	M. empört sich gegen seine Schuldgefühle und klagt H. an.	M. fordert Rechenschaft von H.
S. 206	M. hat sich mit H.s Geschichte versöhnt.	aber noch gelegentliche Schuldgefühle
	Hannas Schuld	
S. 54	Hanna zieht Michael den Ledergürtel durchs Gesicht.	Unbeherrschtheit
S. 103	Die beiden Hauptanklagepunkte gegen H.: Selektionen im Krakauer Lager, unterlassene Hilfe beim Brand der Kirche.	Gefühlskälte, Brutalität
S. 106	Nach ihrer eigenen Aussage hat H. die Gefangenen in den Tod geschickt, weil die alten Gefangenen für die neuen Platz machen mussten.	H. hat sich Befehl und Sachzwang ohne Courage unterworfen.
S. 110 f.	Die Verteidiger der anderen Angeklagten und diese selbst versuchen H. als allein Schuldige hinzustellen.	H. weiß sich nicht zu verteidigen.
S. 122	H. meint, nach dem Aufschließen der brennenden Kirche sei die Ordnung verloren gegangen und die Aufseherinnen seien doch verantwortlich gewesen.	H. stellt Ordnung und Verantwortung über das zu rettende Leben.
S. 120 ff.	Nach einem SS-Bericht haben die Aufseherinnen die Türen der brennenden Kirche nicht aufgeschlossen. Eine Mitangeklagte beschuldigt H. die Verfasserin des Berichts zu sein.	H. gibt, um ihren Analphabetismus zu vertuschen, zu, den Bericht geschrieben zu haben.
S. 130 f.	H.s Bekenntnis, den Bericht geschrieben zu haben, ermöglicht es den Mitangeklagten, sie als Führerin darzustellen.	H. gibt schließlich auf (S. 131).
S. 187	H. meint, niemand könne Rechenschaft von ihr fordern außer den Toten.	beschränkte Einsicht
S. 192–196	H.s Suizid, Versuche ihre Schuld zu sühnen.	Selbstmord als Anerkenntnis der Schuld?
S. 201	Die Tochter erteilt Hanna keine Absolution.	Perspektive der Opfer

2 Michaels Schuld entsteht durch seine Verstrickung in Hannas Leben. Er misst sie sich selber zu. Deshalb ist sie nicht justifizierbar, sondern liegt auf ethisch-moralischer Ebene. Michaels Schuld ist insofern tragisch, als er eine Verbrecherin geliebt hat ohne zu wissen, auf welchen Menschen er sich einließ. Je nach gedanklicher oder räumlicher Nähe zu Hanna wachsen Michaels Schuldgefühle. Erst nach Hannas Tod kann er sich so weit von ihnen befreien, dass sie nur noch gelegentlich auftreten.

Hanna tritt gegenüber Michael als unbeherrscht und dominant in Erscheinung. Weit darüber hinausgehend schließt der Text mit den beiden Hauptanklagepunkten vor Gericht Gefühlskälte und Brutalität nicht aus.

Hanna ist erst sehr spät in der Lage das volle Ausmaß ihrer Schuld einzusehen. Bis zu ihrem Tod erkennt sie nicht, dass die Gesellschaft von ihr Rechenschaft fordern muss. Ihre Schuld ist also anders als die von Michael justifizierbar. Lange Zeit ist Hanna in ihrem Schuldgefühl nicht so sensibel wie Michael. Sie verschanzt sich hinter ihrem Gehorsam und der Ordnung, die sie nicht in Frage stellt. Erst in der Gefängniszelle hat sie begonnen sich systematisch mit Konzentrationslagern und ihrer Schuld auseinander zu setzen. Wenngleich sie versucht hat ihre Schuld zu sühnen, erhält sie von der Tochter keine Absolution. Ungeachtet der fragwürdigen Beschuldigungen der Mitangeklagten wird damit die Schwere von Hannas Schuld unterstrichen.

Analphabetismus

Varianten des Analphabetismus

Allgemeine Definition des Begriffs Analphabetismus

Personen, die weder schreiben noch lesen können, werden als Analphabeten bezeichnet. Nach der UNESCO-Statistik gibt es ungefähr 950 Millionen Betroffene auf der Welt. Es gibt zwei Formen des Analphabetismus, zum einen den
5 primären und zum anderen den sekundären. Der primäre [...] Analphabetismus taucht im Besonderen in Ländern der Dritten Welt auf und ist durch das mangelnde Schulwesen zu erklären. Bei dem sekundären werden in der Schule gelernte Formen des Schreibens und Lesens durch mangelnde
10 Übung und Anwendung verlernt.

Besonders in den Industrieländern wird vom funktionalen Analphabetismus gesprochen. Diese Form des Analphabetismus entsteht durch fehlende, unzureichende oder unsichere Beherrschung der sich stets wandelnden Schriftspra-
15 che, da die Betroffenen nicht in der Lage sind Schriftsprache im Alltag zu nutzen.

Die Ursachen des Analphabetismus sind oft soziale Probleme wie Armut, Arbeitslosigkeit, Alkoholismus. Aber auch das fehlende Interesse für die Texte, die in der Schule ver-
20 wendet werden um den Schülern das Lesen und Schreiben zu vermitteln, ist eine der Hauptursachen des funktionalen Analphabetismus bei jungen Menschen.

Durch eine geistige Behinderung muss man nicht zwangsläufig Analphabet sein. Auch geistig Behinderten ist es mög-
25 lich, das Lesen und Schreiben zu erlernen, es sind jedoch verfeinerte methodisch-didaktische Methoden des Lehrenden von Nöten.

Analphabeten im Alltag

Analphabeten leben in der ständigen Angst als solche aufgedeckt zu werden. So entwickeln sie Taktiken im alltäglichen Leben um diese Beeinträchtigung zu verschleiern. Sie versu- 30 chen jede Situation, in der sie lesen oder schreiben müssten, zu umgehen und lassen sich Ausreden einfallen, wie z. B., sie hätten ihre Brille vergessen. Sie sitzen aber auch in der Öffentlichkeit und täuschen vor, ein Buch oder eine Zeitschrift zu lesen um den Eindruck zu vermitteln, sie könnten lesen. 35 Aber in Wirklichkeit leben Analphabeten alltäglich in Angst. Sie setzen sich stets unter den Druck nicht entlarvt zu werden und durch diese Bemühungen wird ein „normales" Leben in vielen Situationen schwierig.

Maßnahmen gegen den Analphabetismus

Erst seit den 70er Jahren wird in Deutschland das Problem 40 des Analphabetismus erörtert und der Versuch unternommen gegen ihn vorzugehen. Dies geschieht insbesondere in den Volkshochschulen, in denen mittlerweile spezielle Kurse angeboten werden um den Analphabetismus zu bekämpfen. Es wird in diesen Kursen verstärkt darauf geachtet, dass 45 die Themen und Inhalt der Texte in diesem Unterricht im Interessenfeld der Teilnehmer liegen um zu vermeiden, dass der Lernprozess durch Desinteresse beeinträchtigt wird. Aber dieser Weg aus dem Analphabetismus ist kein einfacher. Das größte Problem besteht darin, dass Analphabeten 50 ihre fehlende Fähigkeit des Lesens und Schreibens erst einsehen und zu ihr stehen müssen, bevor sie eine „Therapie" in Form eines solchen Unterrichts akzeptieren.

http://www.ratsgymnasium-gladbeck.de/schuelerprojekte/dervorleser/analphab.htm

1 Versuchen Sie mit Hilfe des Textes eine Definition von Analphabetismus und äußern Sie sich zu den folgenden Stichwörtern:
a Verbreitung des Analphabetismus
b Funktionaler Analphabetismus
c Ursachen für Analphabetismus
d Kaschierung des Analphabetismus

2 Zwei erwachsene Analphabeten besuchen einen Volkshochschulkurs zum Lesen- und Schreibenlernen. Nach dem Einführungsabend gehen sie gemeinsam in eine Gaststätte und erzählen sich von ihrem Leben als Analphabeten. Sie können die beiden Geschichten erzählen oder sie dialogisch gestalten.

3 Erfinden Sie eine Liebesgeschichte: Ein Analphabet macht eine Zufallsbekanntschaft, die sein Defizit entdeckt und beschließt ihn zum Lesen und Schreiben zu bringen.

Analphabetismus

Varianten des Analphabetismus

Bevor sich die Schülerinnen und Schüler mit den Erscheinungsformen und Wirkungen von Hannas Analphabetismus auseinander setzen, ist es wichtig, dass sie vorher das gesamte Phänomen des Analphabetismus in seiner Tragweite überblicken. Auf dieser Grundlage werden sie erkennen, dass Bernhard Schlinks Hauptfigur nicht mit einer singulären Behinderung behaftet ist, und sie werden das Schamgefühl Hannas, ihren Analphabetismus einzugestehen, sowie die Leistung, diesen Mangel schließlich doch überwunden zu haben, besser nachvollziehen können.

1 Personen, die weder schreiben noch lesen können, werden als Analphabeten bezeichnet. Der in der Dritten Welt verbreitete primäre Analphabetismus entsteht durch ein nicht vorhandenes bzw. defizitäres Schulwesen. Der sekundäre Analphabetismus ist ein Problem der Industrieländer. Er bezieht sich auf in der Schule gelernte Formen des Lesens und Schreibens, die durch mangelnde Anwendung und Übung verlernt werden.

a Nach einer UNESCO-Statistik gibt es 950 Millionen Analphabeten auf der Welt.

b Funktionale Analphabeten verfügen nicht über grundlegende Fertigkeiten im Lesen, Schreiben und Rechnen. Diese für Industrieländer repräsentative Form des Analphabetismus entsteht durch fehlende, unzureichende oder unsichere Beherrschung der sich verändernden Schriftsprache, welche die Betroffenen im Alltag nicht nutzen können.

c Ursachen des Analphabetismus sind einerseits soziale Probleme wie Armut, Arbeitslosigkeit und Alkoholismus, andererseits fehlgelaufene Spracherwerbsprozesse in der Grundschule und der hohe Prozentsatz von Schulabgängern ohne Abschlusszeugnis. Zu den Ursachen, die in der Schule selbst liegen, gehören Texte, die nicht hinreichend motivieren.

d Analphabeten versuchen aus Angst, diskriminiert zu werden, ihre Beeinträchtigung zu kaschieren. Ihre Taktiken reichen von der vergessenen Brille, der verletzten Hand bis zu der in der Öffentlichkeit vorgetäuschten Fähigkeit lesen zu können.

2 Die Erzählungen der beiden Analphabeten aus ihrem Leben können zum Beispiel folgende Ansatzpunkte enthalten:

Erfahrungen in der Kindheit, zu Hause und in der Schule
– ständiger Streit mit Eltern und Geschwistern in einer beengten Wohnung – permanent laufendes Fernsehgerät, aber keine Bücher
– kein Platz zum Malen oder Betrachten von Bilderbüchern
– in der Grundschule keine Hausaufgaben angefertigt
– Bestrafung wegen nicht erbrachter Hausaufgaben
– man wurde beim Anschreiben an der Tafel ausgelacht
– bei Diktaten nicht „mitgekommen"
– schlechte Noten bei Klassenarbeiten
– zuerst Ermunterung, schließlich Resignation der Lehrkräfte
– keine Anerkennung durch Mitschülerinnen und Mitschüler
– als aussichtsloser Fall wurde man in Ruhe gelassen

Erfahrungen nach der Schulzeit
– keine Bewerbungen schreiben können
– keine Lehrstelle, nur Gelegenheitsarbeiten
– Angst und Qual sich bei Besuchen von Banken oder Ämtern verstellen zu müssen
– mangelndes Selbstbewusstsein
– aus Zufallsbekanntschaft wird Liebe
– Partnerin/Partner den Analphabetismus gestanden
– Besuch des Volkshochschulkurses auf Drängen der Partnerin/des Partners

3 Die Liebesgeschichte kann sich auf die unter Aufgabe 2 erwähnten Ansatzpunkte stützen.

Analphabetismus

Hannas Analphabetismus

Schulhefte
auf Hannas
Küchentisch
Dennoch weiß Hanna
Michaels Vornamen
nicht (S. 35).

1 Schreiben Sie alle direkten und indirekten Belegstellen für Hannas Analphabetismus in die Felder und fügen Sie ein kennzeichnendes Stichwort hinzu.

2 Wirkt sich Hannas Analphabetismus auf die Beurteilung ihrer Rolle als Täterin aus?

Analphabetismus

Hannas Analphabetismus

1

Schulhefte auf Hannas Küchentisch Dennoch weiß Hanna Michaels Vornamen nicht (S. 35).	**Vorlesen** „Ich mag dir lieber zuhören als selbst lesen." (S. 43)	**Radtour** Alles, was mit Schreiben und Lesen zu tun hat, erledigt Michael (S. 54).	**Der verschwundene Zettel** Hanna schlägt Michael (S. 54 ff.).

Ablehnung der Beförderung bei der Straßenbahn „[...] ich habe ihr angeboten, dass wir sie zur Fahrerin ausbilden, und sie schmeißt alles hin." (S. 80)

Michael entdeckt Hannas Analphabetismus „Hanna konnte nicht lesen und schreiben. Deswegen hatte sie sich vorlesen lassen. Deswegen hatte sie mich auf unserer Fahrradtour das Schreiben und Lesen übernehmen lassen. [...]" (S. 126 f.)

Hanna reagiert auf kein Schreiben „[...] dass die Angeklagte auf kein Schreiben und keine Ladung reagiert hat [...]." (S. 94)

Hanna hat die Schriften vor Eröffnung des Hauptverfahrens nicht gelesen Ihr beharrliches Fragen ärgert den Vorsitzenden Richter (S. 104 f.).	**Einfluss des Analphabetismus auf Hannas Handlungen** „Aus Angst vor der Bloßstellung als Analphabetin die Bloßstellung als Verbrecherin?" (S. 127 f.)	**Hannas Schritt zur Mündigkeit** „Indem Hanna den Mut gehabt hatte lesen und schreiben zu lernen, hatte sie den Schritt aus der Unmündigkeit zur Mündigkeit getan [...]." (S. 178)	**Lesefähigkeit zur Aufarbeitung der Vergangenheit** „Nachdem Frau Schmitz lesen gelernt hat, hat sie gleich angefangen über KZs zu lesen." (S. 194)

2 Hannas Analphabetismus verringert ihre Verantwortung und relativiert ihre Schuld. Dadurch wird der Blick möglicherweise mehr auf die Täter als auf die Opfer gerichtet. Hanna erscheint als Analphabetin weniger monströs. Durch den Abbau von Distanz kann die Tätergeschichte als eigene Geschichte akzeptiert werden. Jedoch dürfen bei dieser Perspektive die Leiden der Opfer nicht aus dem Blick geraten.

Die Erzählweise

Erzählperspektive und Erzähltechnik

| erlebendes und erzählendes Ich | rückschauendes Erzählen | Betroffenheit des Erzählers | Intentionen (Absichten) des Erzählers |

| Auseinandersetzung mit der Vergangenheit | | reflektierender Erzähler |

Erzähler und Erzähltechniken

| erlebender Erzähler | | Erzählen aus der Erinnerung |

| Schlüsselsituationen | Leitmotive | wertender Erzähler | Bericht, Szene, Reflexionen |

1 Suchen Sie (in arbeitsteiliger Gruppenarbeit) Beispiele für die hier genannten Erzähltechniken.

Erzählperspektiven		
Erzähler in der 3. Person Singular	auktorial	Der Verfasser bringt sich selbst als Erzähler ins Spiel, indem er sich kommentierend, reflektierend und beurteilend in das Geschehen einmischt. Er überblickt den Handlungsablauf und kann Gedanken und Gefühle der handelnden Personen wiedergeben sowie mit Vorausdeutungen und Rückwendungen arbeiten.
	personal	Weil der Erzähler als Vermittler zwischen fiktiver Wirklichkeit und Leser fehlt, „öffnet sich dem Leser die Illusion, er befände sich auf dem Schauplatz des Geschehens oder er betrachte die dargestellte Welt mit den Augen einer Romanfigur" (F. K. Stanzel).
	neutral	Eine Erzählfigur tritt nicht in Erscheinung.
Ich – Erzähler/in		Der fiktive Erzähler ist selbst Teil der dargestellten Wirklichkeit und ist am erzählten Geschehen beteiligt. Je nach Erzählsituation können dabei Erlebnisse oder Reflexionen überwiegen.

2 Welche Perspektive ist im *Vorleser* dominant? Geben Sie Beispiele und erläutern Sie deren Wirkung.

Die Erzählweise

Erzählperspektive und Erzähltechnik

Die Untersuchung der Erzähltechnik eines Romans bedarf keiner didaktischen Rechtfertigung, weil das Verständnis des Inhalts von der Erzähltechnik entscheidend geprägt wird.

1 erlebendes und erzählendes Ich: „[…] Ich sah nicht viel von ihr. Wir standen zu dicht. Aber ich war überwältigt von der Gegenwart ihres nackten Körpers. ‚Wie schön du bist!‘" (S. 27) „[…] und jedes Mal vollzog er sich erneut: der Einbruch des Schrecklichen in den Alltag. Ich, Tag um Tag bei der Verhandlung dabei, beobachtete ihre Reaktion mit Distanz." (S. 98)

rückschauendes Erzählen: „Ich las damals die Odyssee wieder, die ich erstmals in der Schule gelesen und als die Geschichte einer Heimkehr in Erinnerung behalten hatte." (S. 173)

Betroffenheit des Erzählers: „Ich hielt es nicht aus, sprang auf und trat an den Nachbartisch.[…] Ich zitterte vor Empörung. In diesem Moment humpelte der Mann […] heran, nestelte an seinem Bein, hatte das Holzbein plötzlich in beiden Händen, schlug es krachend auf den Tisch, dass die Gläser und Aschenbecher tanzten, […]." (S. 151)

Intentionen des Erzählers: „Den Vorsatz, Hannas und meine Geschichte zu schreiben, habe ich bald nach ihrem Tod gefasst." (S. 205) „Zuerst wollte ich unsere Geschichte schreiben um sie loszuwerden. […] Seit einigen Jahren lasse ich unsere Geschichte in Ruhe. Ich habe meinen Frieden mit ihr gemacht. Und sie ist zurückgekommen." (S. 206)

Auseinandersetzung mit der Vergangenheit: „Aufarbeitung! Aufarbeitung der Vergangenheit! Wir Studenten des Seminars sahen uns als Avantgarde der Aufarbeitung. […]" (S. 87) „Aber andererseits war die nationalsozialistische Vergangenheit ein Thema auch für Kinder, die ihren Eltern nichts vorwerfen konnten oder wollten. […]" (S. 161)

reflektierender Erzähler: Zu dem Vergleich von Tätern und Opfern meint Michael: „Wenn ich in einem Gespräch Ansätze eines solchen Vergleichs machte, betonte ich zwar stets, dass der Vergleich den Unterschied, ob man in die Welt des KZ gezwungen wurde oder sich in sie begeben hatte, nicht relativiere, dass der Unterschied vielmehr von der allergrößten, alles entscheidenden Wichtigkeit sei." (S. 99)

erlebender Erzähler: „Wenn sie auf mir eingeschlafen war, im Hof die Säge schwieg, die Amsel sang und von den Farben der Dinge in der Küche nur noch hellere und dunklere Grautöne blieben, war ich vollkommen glücklich." (S. 44)

Erzählen aus der Erinnerung: „Eine meiner wenigen lebendigen Erinnerungen aus früher Kindheit gilt einem Wintermorgen, als ich vier war.[…] Ich erinnere mich an die warme Küche und den heißen Herd […]. Ich erinnere mich an das wohlige Gefühl der Wärme und an den Genuss, den es mir bereitete, in dieser Wärme gewaschen und angekleidet zu werden." (S. 28 f.)

Schlüsselsituationen: […] Beim Nachdenken über Hanna, Woche um Woche in denselben Bahnen kreisend, hatte sich ein Gedanke abgespalten, hatte seinen eigenen Weg verfolgt und schließlich sein eigenes Ergebnis hervorgebracht. […] Hanna konnte nicht lesen und schreiben." (S. 126)

Leitmotive: „Vorlesen, duschen, lieben und noch ein bisschen beieinander liegen – das wurde das Ritual unserer Treffen." (S. 43) „Und weil […] Hanna immer wieder dominierte, las ich für Hanna. Ich las […] auf Kassetten." (S. 174)

wertender Erzähler: „Und wieder empörte ich mich gegen das Gefühl [Hanna verraten zu haben, E. M.] und klagte sie an und fand billig und einfach, wie sie sich aus ihrer Schuld gestohlen hatte." (S. 190)

Bericht, Szene, Reflexion: Der Erzähler berichtet über Hannas Verhalten vor Gericht (S. 104 ff.). Bei der Darstellung ihrer Vernehmung zu den Selektionen im Lager geht er zu szenischer Darstellung über, als Hanna den Richter fragt: „Was hätten Sie denn gemacht? […] Einen Moment lang war es still." (S. 107) Nachdem der Richter geantwortet hat, reflektiert der Erzähler die Angemessenheit seiner Entgegnung.

2 *Der Vorleser* wird eindeutig vom Ich-Erzähler bestimmt. Während in der Liebesgeschichte der erlebende Ich-Erzähler öfter erscheint, tritt im zweiten und dritten Teil der reflektierende Ich-Erzähler in den Vordergrund. Beispiele:

erlebender Ich-Erzähler: „Als die Tage länger wurden, las ich länger um in der Dämmerung mit ihr im Bett zu sein. Wenn sie auf mir eingeschlafen war, im Hof die Säge schwieg, die Amsel sang und von den Farben der Dinge in der Küche nur noch hellere und dunklere Grautöne blieben, war ich vollkommen glücklich." (S. 44)

reflektierender Ich-Erzähler: „Warum? Warum wird uns, was schön war, im Rückblick dadurch brüchig, dass es hässliche Wahrheiten verbarg? Warum vergällt es die Erinnerung an glückliche Ehejahre, wenn sich herausstellt, dass der andere die ganzen Jahre einen Geliebten hatte? Weil man in einer solchen Lage nicht glücklich sein kann? Aber man war glücklich! Manchmal hält die Erinnerung dem Glück schon dann die Treue nicht, wenn das Ende schmerzlich war. Weil Glück nur stimmt, wenn es ewig hält? […]" (S. 38)

„Damals habe ich die anderen Studenten beneidet, die sich von ihren Eltern und damit von der ganzen Generation der Täter; Zu- und Wegseher, Tolerierer und Akzeptierer absetzten und dadurch wenn nicht ihre Scham, dann doch ihr Leiden an der Scham überwanden. Aber woher kam die auftrumpfende Selbstgerechtigkeit, die mir bei ihnen so oft begegnete? […]" (S. 162)

Die Erzählweise

Michaels Träume

Ekkehart Mittelberg

Hinweise zu Traumsymbolen

Selbstverständlich kann man von der Traumdeutung nicht die Objektivität einer Naturwissenschaft erwarten. Doch ist der Übereinstimmungsgrad bei der Auslegung häufig vorkommender Traumsymbole sehr hoch.

5 Wir verstehen in der Tradition des berühmten Traumforschers Carl Gustav Jung das Ziel der Deutung von Träumen so: „Zwischen dem Traum und den Bemühungen um seine Deutung besteht daher ein Kontinuitätsverhältnis; diese dienen dem gleichen Anliegen wie der Traum selbst, der 10 Klärung des eigenen Zustandes." (Peter R. Hofstätter (Hrsg.): Psychologie. Fischer Bücherei 1965, S. 304) Die im Folgenden in Übereinstimmung mit der angewandten Traumforschung gedeuteten Traumsymbole (Archetypen) beziehen sich auf Michaels Traum von dem Haus in der 15 Bahnhofstraße:

Mit einem Haus verbindet der Träumende Schutz und Geborgenheit. Der Zustand des Hauses lässt Rückschlüsse auf die seelische Verfassung und die Persönlichkeit des Träumenden zu. Während zum Beispiel ein Geschäftshaus auf das öffentliche Leben deutet, verweist ein Wohnhaus auf den 20 privaten Bereich. Ein Haus, das im Traum ohne Einzelheiten erscheint, versinnbildlicht einen Zufluchtsort, es verweist auf Lebensunsicherheit und mangelndes Selbstvertrauen. In der Regel wird das Haus mehr dem fraulich-mütterlichen als dem männlichen Bereich zugeordnet. 25

Für Michaels Traum sind Einzelheiten von Bedeutung, wie z. B. Treppen, Fenster, das Fehlen eines Vorhangs sowie schließlich die Klinke der Haustür.

Treppen sind Sinnbilder des Übergangs zu etwas Neuem. Bei den Fenstern als Symbol der Verbindung von innen und au- 30 ßen ist es wichtig, ob sie offen oder geschlossen, durchsichtig oder blind sind. Mit einem Vorhang verbindet sich Täuschung oder Isolation, aber auch Distanz. Die Klinke schließlich eröffnet den Zugang zu neuen Räumen.

1 Lesen Sie im *Vorleser* den Text über das Haus in der Bahnhofstraße (S. 8–11).

a Berücksichtigen Sie die obigen Hinweise zu dem Traumsymbol „Haus".
Auf welche Beziehung des Träumenden verweist der Traum?

b Wie deuten Sie, dass Michael das Haus in städtischer Umgebung an unterschiedlichen Schauplätzen sieht?

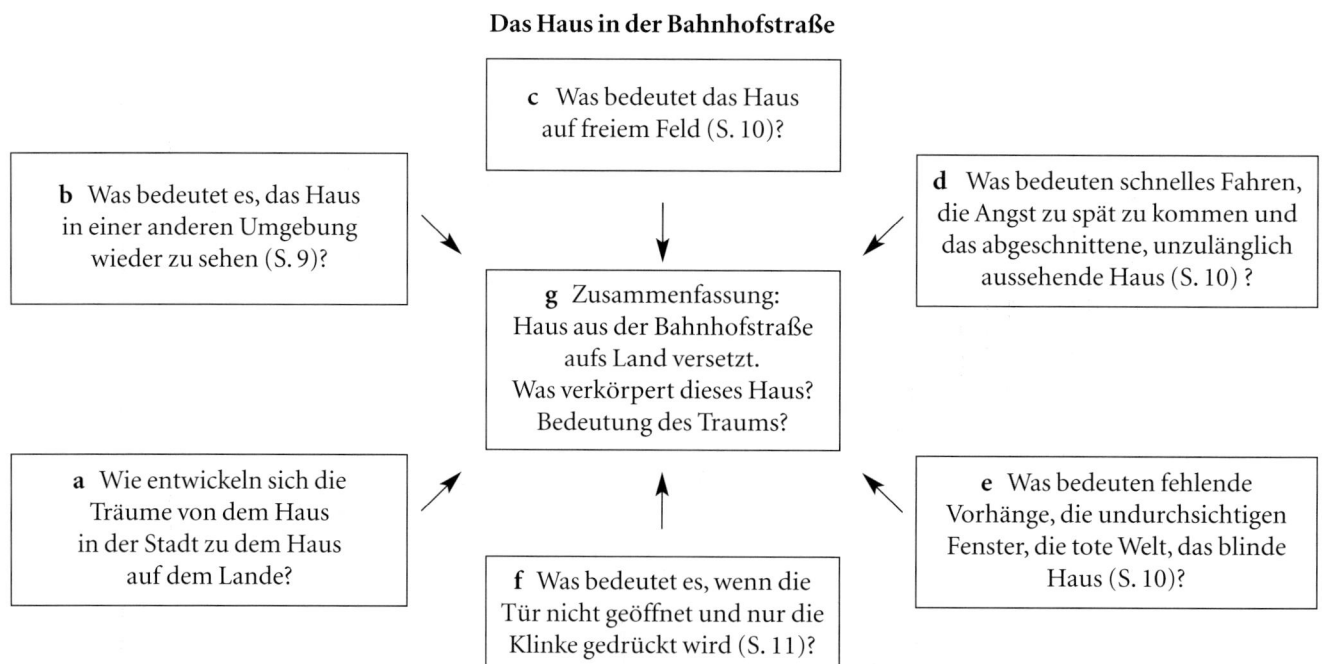

Das Haus in der Bahnhofstraße

c Was bedeutet das Haus auf freiem Feld (S. 10)?

b Was bedeutet es, das Haus in einer anderen Umgebung wieder zu sehen (S. 9)?

d Was bedeuten schnelles Fahren, die Angst zu spät zu kommen und das abgeschnittene, unzulänglich aussehende Haus (S. 10) ?

g Zusammenfassung: Haus aus der Bahnhofstraße aufs Land versetzt. Was verkörpert dieses Haus? Bedeutung des Traums?

a Wie entwickeln sich die Träume von dem Haus in der Stadt zu dem Haus auf dem Lande?

e Was bedeuten fehlende Vorhänge, die undurchsichtigen Fenster, die tote Welt, das blinde Haus (S. 10)?

f Was bedeutet es, wenn die Tür nicht geöffnet und nur die Klinke gedrückt wird (S. 11)?

2 Beantworten Sie die obigen Fragen in der vorgesehenen Reihenfolge.

3 Der Traum wird in Kapitel I,2 erzählt. Welche erzähltechnische Funktion hat er für den gesamten Roman?

Die Erzählweise

Michaels Träume

Die Deutung von Michaels Träumen gehört zu den schwierigsten Aufgaben bei der Behandlung des *Vorlesers*. Falls die Schülerinnen und Schüler nicht dazu motiviert sind, kann man das Kapitel aussparen, weil es nur in Michaels Traum bei der Zugfahrt nach New York (S. 199 f.) eine Fortsetzung findet. Das Thema erscheint gleich in I,2 und löst in der Regel gerade wegen der „Sperrigkeit" Neugier aus. Man greift es aber nach leichter zugänglichen Sequenzen besser erst im Kapitel „Die Erzählweise" auf. Das empfiehlt sich deswegen, weil das Kapitel durch den Zusammenhang „Haus – Hanna" auf die folgende Handlung vorausdeutet. Die Arbeitsaufträge setzen die Kenntnis des gesamten Romantextes voraus.

1a Dass das Kapitel die Beziehung Michaels zu Hanna thematisiert, wobei das Haus auf Hanna verweist, begreifen die Schülerinnen und Schüler spontan, wenngleich die Belege im Einzelnen noch fehlen.

b Michael träumt gleichsam konsequent; denn so wie ihn die Auseinandersetzung mit Hanna nie loslässt, kehrt auch das Haus in seinen Träumen an unterschiedlichen Schauplätzen wieder. Im Unterbewusstsein findet er die Begegnung fast „natürlich". „Mit dieser geträumten Erinnerung bin ich beruhigt; das Haus in der anderen Umgebung wieder zu sehen kommt mir nicht sonderbarer vor als das zufällige Wiedersehen mit einem alten Freund in fremder Umgebung." (S. 9 f.)

2a Das Stadthaus steht in einer fremden Stadt, in einem unbekannten Stadtviertel in einer Häuserzeile. Dennoch ist das Haus nicht unbekannt, nur die Umgebung wechselt. Der Träumende ist „mit dieser geträumten Erinnerung beruhigt" (S. 9). Das Haus erscheint Michael wie ein „alter Freund in fremder Umgebung" (S. 10).
Die Träume von dem Haus auf dem Lande dauern länger, der Erzähler erinnert sich besser an Einzelheiten, z. B. an die Anfahrt mit dem Auto, an die Verwirrung darüber, dass das städtische Haus „auf freiem Feld steht" (S. 10), an die doppelte Verwirrung dadurch, „dass ich es schon einmal gesehen habe" (S. 10), an die leere Straße, an die temporeiche Rückfahrt zu dem Haus wegen der Angst „zu spät zu kommen" (S. 10), an das wechselnde Ambiente je nach Lage des Hauses, an die flache Gegend, an das Fehlen von Bäumen, an die vor Hitze flimmernde Luft, an das abgeschnittene, unzulängliche Aussehen wegen der Brandmauern, an die undurchsichtigen Fenster, an das blinde Haus, die Stille, an die tote Welt. Gemeinsam ist beiden Träumen, dass der Träumende in ein Haus eintreten will, die Klinke drückt, aber die Tür nicht öffnet. (Letzteres wird bei dem Traum vom Stadthaus nicht erwähnt, darf aber unterstellt werden.) Die Entwicklung der Träume, die von dem Haus in städtischer zu

dem in ländlicher Umgebung führt, besteht darin, dass das Haus in ländlicher Umgebung, ungeachtet der scheinbaren Idylle („Es ist von Feldern umgeben, Raps, Korn oder Wein in der Pfalz, Lavendel in der Provence.", S. 10) in einer toten Welt steht und deutlich als „blind" erkannt wird.

b Das Stadthaus in ländlicher Umgebung wieder zu sehen schockiert Michael nicht: „[…] das Haus in der anderen Umgebung wieder zu sehen, kommt mir nicht sonderbarer vor als das zufällige Wiedersehen mit einem alten Freund in fremder Umgebung." (S. 9 f.)

c Dies löst bei Michael Verwirrung aus. Man kann das Traumbild als erste Entfremdung in der Beziehung Michaels zu Hanna verstehen.

d Die leere Straße, die schnelle Rückfahrt, die Angst zu spät zu kommen und das abgeschnittene, unzulänglich wirkende Haus deuten auf Michaels Angst Hanna zu verlieren, die Isolation Hannas und die Unzulänglichkeit der Beziehung zu Hanna.

e keine Vorhänge: Verlust von Illusionen
undurchsichtige Fenster: gestörte Kommunikation zwischen Michael und Hanna
die tote Welt, das blinde Haus: Die Beziehung zwischen Michael und Hanna ist chancenlos.

f Michael will die Beziehung zu Hanna gelingen lassen. Symbol dafür ist die gedrückte Klinke. Er scheitert aber, weil er die Tür nicht öffnet (nicht öffnen kann?).

g Der Traum von dem aufs Land versetzten Haus verkörpert die Beziehung von Michael und Hanna, zeigt deren Gefährdung, die gestörte Kommunikation und schließlich das Misslingen der Beziehung.

3 Bezogen auf das Ende des Romans, also Hannas Freitod, ist der Traum von dem Haus aus der Bahnhofstraße zu verstehen als Vorausdeutung auf Michaels Bemühen um das gefährdete Verhältnis zu Hanna und auf das Scheitern dieser Beziehung.

Weiterführende Literatur zu Traumsymbolen
Flöttmann, Holger B.: Träume zeigen neue Wege. Systematik der Traumsymbole. Kohlhammer 1998
Vollmar, Klausbernd: Handbuch der Traumsymbole. Königsfurt 2000

Produktionsorientierter Umgang mit dem Roman

1 Annäherung – Illustrierung von Schlüsselszenen

a Einigen Sie sich im Unterrichtsgespräch auf Kapitel oder Schlüsselszenen, von denen Sie meinen, dass sie sich zur Illustrierung durch eigene Skizzen, Fotos (http://www.ullsteinbild.de bzw. www.shoa.de) o. Ä. eignen.

b Welche Kapitel oder Szenen könnte man mit einem Symbol illustrieren? Für das Kapitel I,2 z. B. wäre das Symbol ein altes Haus.

2 Zum Aufbau

Michael hat Hanna im Gerichtssaal wieder erkannt (S. 91 ff.). Deprimiert und abwesend fährt er mit einem Studienkollegen aus dem Gerichtsseminar im Auto nach Hause. Michael entschließt sich ihm seine Geschichte mit Hanna zu erzählen.

a Schreiben Sie diese Erzählung. Machen Sie sich vorher Notizen, was Sie von der Liebesgeschichte berücksichtigen wollen, z. B. „Hannas Hilfe bei Michaels Krankheit", „Michael beobachtet Frau Schmitz beim Umziehen", „Die Verführung im Badezimmer".

b Welche Probleme ergeben sich beim Schreiben der Liebesgeschichte, wenn – wie in diesem Falle – der Zuhörer bereits weiß, dass Hanna KZ-Aufseherin war?

3 Konzentrationslager

Michael berichtet darüber, dass er das Konzentrationslager Natzweiler-Struthof zweimal besucht habe um „die Klischees mit der Wirklichkeit auszutreiben" (S. 144), dass sich aber die erhoffte Anschauung nicht eingestellt habe. Bereiten Sie sich auf den Besuch eines Konzentrationslagers vor. Diskutieren Sie Vorschläge, die Ihnen helfen können sich das Leiden konkret vorzustellen (etwa die Einladung eines Holocaust-Opfers, das über seine Erlebnisse berichtet).

4 Michaels Auseinandersetzung mit der NS-Vergangenheit

„Aber andererseits war die nationalsozialistische Vergangenheit ein Thema auch für Kinder, die ihren Eltern nichts vorwerfen konnten oder wollten. Für sie war die Auseinandersetzung mit der nationalsozialistischen Vergangenheit nicht die Gestalt eines Generationenkonflikts, sondern das eigentliche Problem." (S. 161)

Entwerfen Sie einen Fragebogen für andere Kurse/Klassen Ihrer Schule unter dem Leitthema, ob und inwieweit die nationalsozialistische Vergangenheit für Ihre Mitschüler und Mitschülerinnen ein Thema/ein Problem ist. Rechnen Sie auch mit einer negativen Antwort und fragen Sie nach den Gründen.

5 Analphabetismus

Schreiben Sie eine Kurzgeschichte über eine Analphabetin/einen Analphabeten. Stationen dieser Geschichte könnten z. B. sein, warum sie/er das Schreiben/Lesen nicht erlernt hat, wie sie/er sich in kritischen Situationen verstellt hat, welches Ereignis eingetreten ist, weshalb sie/er sich entschlossen hat Hilfe anzunehmen. Ihre Geschichte kann ein Happyend haben, aber auch offen enden.

6 Hanna

Angenommen, nach dem Gefühlsausbruch wegen des verschwundenen Zettels (S. 54 ff.) packen Hanna Gewissensbisse. Sie entschließt sich Michael darüber zu informieren, dass sie Analphabetin ist. Daraus ergeben sich zwei Möglichkeiten zu kreativer Gestaltung:

a Schreiben Sie einen inneren Monolog (Ich-Perspektive: Was Hanna durch den Kopf geht), in dem Hanna das Für und Wider abwägt, bevor sie ihren Entschluss fasst.

b Entwerfen Sie in Stichpunkten, wie die Handlung nach dieser Entscheidung weiter verlaufen könnte.

7 Hanna und Michael, eine unselige Liebe

Versuchen Sie diese Geschichte mit den Augen eines Filmregisseurs/einer Filmregisseurin zu sehen.

a Wählen Sie Bilder von (Film)schauspielern/-schauspielerinnen aus, mit denen Sie Hannas und Michaels Rolle besetzen würden, und belegen Sie mit Textstellen des Buches, warum sie sich Ihrer Meinung nach eignen.

b Schreiben Sie das Drehbuch für eine Szene aus der Geschichte von Michael und Hanna. Machen Sie auch Angaben für die Kameraführung, z. B. für die Verwendung von Totale, Halbtotale, Zoom, und zu den Requisiten.

8 Schuld

Die Gefängnisleiterin berichtet Michael: „Frau Schmitz hat nicht geschrieben, warum sie sich umgebracht hat." (S. 197) Schreiben Sie dennoch einen Abschiedsbrief Hannas an Michael, in dem sie auch zu ihrer Schuld Stellung nimmt. Erörtern Sie danach, was für Schlinks Entscheidung spricht, Hanna diesen Brief nicht schreiben zu lassen.

9 Zur Rezeption

Eine kritische Position gegenüber dem *Vorleser* gründet sich auf das Argument, dass durch die Liebesgeschichte Täter und Opfer auf dieselbe Ebene gestellt werden und dass man durch die „menschliche" Darstellung Hannas dazu gebracht werde, „den Unterschied zwischen Opfern und Tätern einzuebnen". (Juliane Köster)

Verfassen Sie ein Streitgespräch zwischen A und B, in dem A die kritisierte Position vertritt, B dagegenhält, dass die „menschliche" Darstellung der Täterin erst die Bereitschaft wecke sich mit ihren Verbrechen auseinander zu setzen.

Produktionsorientierter Umgang mit dem Roman

Das produktionsorientierte Schreiben aktiviert die sinnlich individuelle Aneignung von Literatur. Durch den experimentierenden Umgang mit Texten fördert es das Zusammenwirken von produktionsorientiertem Schreiben und Textanalyse. Es sensibilisiert die Wahrnehmung, fördert die Entwicklung der Identität und erleichtert das Verständnis fremder Sichtweisen. Im Zusammenwirken von Gestalten und Interpretieren führt es zu einem ganzheitlichen Deutschunterricht.

1a Geeignete Kapitel oder Schlüsselszenen sind z. B.: I,2: Das alte Haus in der Bahnhofstraße; I,4: Michael beobachtet Frau Schmitz beim Hochstreifen der Strümpfe; I,9: Wie Michael als Schüler aussah; I,9: Michael liest Hanna vor; I,10: Michael, auf dem Treppenabsatz sitzend, wartet auf Hanna; I,11: Der Zettel auf dem Nachttisch aus der Sicht Hannas (mit unleserlichen Hieroglyphen); I,11: Hannas Schlag mit dem Lederriemen; I,12: Hanna vor dem Bücherschrank von Michaels Vater; I,13: Sophies Bild neben dem Hannas; I,14: Gleitflug der Liebe etc.
b Durch die Stilisierung der Skizzen, also durch Verzicht auf naturalistische Darstellung, wird ihr Symbolcharakter erhöht. Beispiele: I,11: Der für Hanna unleserliche Zettel; I,14: Das gleitende Flugzeug; I,14: Ein Pferd (Kosename für Hanna); I,16: Schemenhafte Erscheinung Hannas am Horizont des Schwimmbades etc.

2a Michaels Geschichte mit Hanna kann mit unterschiedlichen Akzentsetzungen erzählt werden, etwa mit Betonung der Verführungskraft Hannas, unterschiedliche Akzentuierung ihrer positiven bzw. negativen Eigenschaften, je nach Michaels Erzählabsicht, die das Wiedersehen im Gerichtssaal als nie für möglich gehaltene Überraschung oder aus der Rückschau als latente Ahnung Michaels unterstreicht.
b Wenn die Liebesgeschichte aus der Rückschau erzählt wird, entstehen erzähltechnisch mindestens zwei Nachteile: 1 Die Lesenden/Zuhörenden werden Hanna immer als Verbrecherin sehen und kaum bereit sein ihre sympathischen Eigenschaften zu würdigen. 2 Der Erzähler muss auf das die Spannung steigernde Mittel der zukunftsgewissen und zukunftsungewissen Vorausdeutungen, die in B. Schlinks erstem Romanteil vorhanden sind, verzichten.

3 Andere Möglichkeiten der Vorbereitung auf den Besuch eines Konzentrationslagers sind:
– das auszugsweise Lesen der Literatur, die B. Schlink im *Vorleser* selbst erwähnt (S. 193),
– die Auseinandersetzung mit Bildern von Opfern in Konzentrationslagern (http://www.ullsteinbild.de bzw. www.shoa.de).

4 Der Fragebogen kann z. B. folgende Fragen enthalten:
– Habt ihr euch bereits in der Schule mit der Geschichte des Nationalsozialismus beschäftigt?
– Inwieweit seid ihr dabei auf die Vernichtung von Juden (Holocaust) in Konzentrationslagern eingegangen?
– Inwieweit seid ihr mit dem Holocaust in den Medien konfrontiert worden?
– Habt ihr mit euren Eltern, Großeltern und/oder Bekannten über die Vernichtung der Juden gesprochen?
– Haben eure Gesprächspartner/innen Anteil an dem Leiden des jüdischen Volkes genommen oder eher versucht das Problem „kleinzureden", mit anderen Kriegsverbrechen zu vergleichen, zu ignorieren?
– Ist der Holocaust ein Problem eurer Eltern und Großeltern oder spürt ihr selbst die Verpflichtung euch damit auseinander zu setzen? Falls ihr meint, dass euch dieses Thema/ Problem nicht betrifft, begründet dies bitte.

5 Die Kurzgeschichte über das Schicksal einer Analphabetin/eines Analphabeten darf nicht dazu dienen, indirekt Hanna zu exkulpieren. Michael betont immer wieder, dass er dafür kein Verständnis habe, indem er z. B. von der Energie spricht, mit der Hanna versucht „ihre Lebenslüge" aufrecht zu erhalten (S. 132, s. auch S. 127 f.).

6a/b Im Zusammenhang mit diesen beiden Gestaltungsmöglichkeiten wird bewusst, dass B. Schlinks Roman eine ganz andere Wendung genommen hätte, wenn Hanna Michael über ihren Analphabetismus informiert hätte. Infolge dieses Geständnisses wären ihre Verstellungstaktiken, vielleicht sogar die im Konzentrationslager, mit Michael wohl früher erörtert worden, möglicherweise hätte dieser sie zu einem öffentlichen Geständnis gedrängt und das Gericht hätte anders geurteilt. Auf jeden Fall wäre Hannas Schritt aus der Unmündigkeit zur Mündigkeit (S. 178) früher erfolgt.

7a/b Beide Aufgaben führen die Schülerinnen und Schüler zu einer genauen Sprachbetrachtung.

8 Bernhard Schlink hat Hanna bewusst als eine Persönlichkeit angelegt, die sich erst sehr spät und selbst dann noch eingeschränkt („Ich hatte immer das Gefühl, dass mich ohnehin keiner versteht […].") zu der Einsicht ihrer Schuld durchringt (S. 187). B. Schlink hätte Hanna als offenere Persönlichkeit gestalten müssen, wenn Hanna Michael gegenüber ihre Schuld brieflich gestanden hätte.

9 Mit dem Streitgespräch zwischen A und B kann bewusst werden, dass sich mit der Rezeption von Texten kein absoluter Wahrheitsanspruch verbindet, sondern dass sie in aller Regel standpunktbezogen ist.

Zur Rezeption des *Vorlesers*

Rezensionen unter der Lupe

Autor	Themen und Ansatzpunkte	überzeugende/nicht überzeugende Argumente	Ansatzpunkte für eigene Rezensionen
Rainer Moritz	schnörkellose, unerbittliche Wahrhaftigkeit	**überzeugend** Michael will verstehen und verurteilen. Das gelingt nicht. (S. 151)	Wahrhaftigkeit des Erzählens
		nicht überzeugend	
Claus Ulrich Bielefeld	Frage nach der untrennbaren Mischung von Monströsem und Banalem	**überzeugend** Erkenntnis der Mischung von Monströsem und Banalem	Mischung von Monströsem und Banalem
		nicht überzeugend	

1 Lesen Sie die beiden Rezensionen auf der KV 21 und füllen Sie die Tabelle aus.

2 Schreiben Sie selbst eine Rezension des *Vorlesers*.

Zur Rezeption des *Vorlesers*

Rezensionen unter der Lupe

1 Autor	Themen und Ansatzpunkte	überzeugende/nicht überzeugende Argumente	Ansatzpunkte für eigene Rezensionen
Rainer Moritz	schnörkellose, unerbittliche Wahrhaftigkeit	**überzeugend** Michael will verstehen und verurteilen. Das gelingt nicht. (S. 151) Die Tochter verweigert die Absolution (S. 201 ff.) Die therapeutische Kraft der Niederschrift hilft nicht: „Wenn ich […] verletzt werde, kommen wieder die damals erfahrenen Verletzungen hoch, wenn ich mich schuldig fühle, die damaligen Schuldgefühle […]." (S. 206)	Wahrhaftigkeit des Erzählens Aufarbeiten der Vergangenheit Anspruch auf Freispruch und Versöhnung
	bestechende Aufrichtigkeit: Aufarbeiten der Vergangenheit nicht möglich, kein Anspruch auf Freispruch und Versöhnung		
	fern aller Political Correctness	**nicht überzeugend** Moritz meint dies anerkennend im Sinne der Political Correctness als mutloser Beflissenheit. Die Entlastung Hannas durch Analphabetismus stellt die Political Correctness in Frage. Das gilt auch für die einseitige Perspektive auf die Täterin. Von dem Leiden der Opfer ist nicht die Rede. Darüber kann man unterschiedlicher Meinung sein.	Political Correctness
Claus Ulrich Bielefeld	Frage nach der untrennbaren Mischung von Monströsem und Banalem	**überzeugend** Erkenntnis der Mischung von Monströsem und Banalem	Mischung von Monströsem und Banalem
	Autor findet keine Sprache für die Hölle, „die aus der Normalität entsteht" Fehlen von Schrecken, Angst, Tabus und Tabuverletzungen Reflexionen über „das Schicksal meiner Generation" Schilderungen der Träume Klischees der Sprache	**nicht überzeugend** Die gesamte Argumentation besteht aus unbegründeten Geschmacksurteilen Bielefelds, weil er zu wenig nach der Funktion dessen fragt, was er kritisiert. Träume können Klischees sein. Michael leidet doch darunter, dass ihm Bilder aus den KZs „zu Klischees erstarren".	nach der Schilderung von Schrecken, Angst, Tabus und Tabuverletzungen fragen Michaels Reflexionen über das Schicksal seiner Generation Schilderungen der Träume Klischees der Sprache

2 Bei den eigenen Rezensionen sollten sich die Schülerinnen und Schüler an Aufgabe 1 orientieren. Ihre Argumente müssen einer rationalen Überprüfung standhalten.

Bernhard Schlink

Ekkehart Mittelberg

Lebenslauf

Bernhard Schlink wird am 6. Juli 1944 bei Bielefeld geboren. Im Jahre 1945 zieht die Familie nach Mannheim und Heidelberg um, wo Bernhard mit drei Geschwistern
5 aufwächst.

Nach einem Streit mit seinem Bruder verfasst er mit acht Jahren das Drama *Der Brudermord* und mit 13 Jahren schreibt er „über seine erste unglückliche Liebe ein
10 Sonett mit zu vielen Strophen". (Kampa, Daniel, Kälin, Armin C. (Hrsg.): Diogenes Autoren Album. Zürich 1966, S. 276)

Er besucht das Humanistische Gymnasium; außerdem prägt die elterliche Bib-
15 liothek – Schlinks Vater war Theologieprofessor – seine geistige Entwicklung. Nach dem Abitur (1963) studiert er Rechtswissenschaft in Heidelberg und Berlin, „vielleicht weil die Wahrheit des Rechts ebenso
20 in Worten und Sätzen liegt wie die Wahrheit von Geschichten und weil die Dinge hier wie dort zu ihrem Ende gebracht werden müssen" (Kampa, Kälin, a. a. O., S. 276). Seinen eigentlichen Studienwunsch, Geschichte und Soziologie zu studieren, verwehrt ihm der Vater.

25 1975 promoviert Bernhard Schlink in Heidelberg über das Thema *Abwägung im Verfassungsrecht*. Sechs Jahre später habilitiert er sich mit der Arbeit *Die Amtshilfe. Ein Beitrag zu einer Lehre der Gewaltenteilung in der Verwaltung*.

Von 1982 bis 1991 lehrt er Verfassungs- und Verwaltungsrecht als
30 Professor in Bonn, danach in Frankfurt a. M. (1991–1992) und seit 1992 als Professor für öffentliches Recht und Rechtsphilosophie an der Humboldt-Universität zu Berlin. 1996 verbringt er ein Feriensemester an der Universität Aix-en-Provence.

Seinen ersten Kriminalroman mit dem Titel *Selbs Justiz* schreibt
35 Bernhard Schlink 1987 zusammen mit Walter Popp. Der Detektiv ist ein 68-jähriger Staatsanwalt, der bei seinen Ermittlungen mit der eigenen NS-Vergangenheit konfrontiert wird.

Im gleichen Jahr wird B. Schlink Richter des Verfassungsgerichtshofs NRW in Münster. Dieses Amt bekleidet er bis heute.
40 1988 erscheint der Kriminalroman *Die gordische Schleife*, in dem es unter anderem um Konstruktionspläne für Kampfhubschrauber geht. Das Buch wird 1989 mit dem Autorenpreis deutschsprachiger Kriminalliteratur, dem Glauser, ausgezeichnet.

Selbs Justiz wird 1991 unter dem Titel *Der Tod kam als Freund* un-
45 ter der Regie von Nico Hofmann verfilmt.

In dem Kriminalroman *Selbs Betrug* (1992) begegnet der Privatdetektiv Selb wieder seiner nationalsozialistischen Vergangenheit. Ein anderes Thema des Buches ist der Terrorismus des Deutschen Herbstes 1977.

Bernhard Schlink im November 1999

1993 erhält B. Schlink für *Selbs Betrug*
50 den Deutschen Krimi-Preis des Bochumer Archivs. In diesem Jahr ist er Gast-Professor an der Yeshiva-University in New York.

1995 erscheint *Der Vorleser*, dessen
55 internationale Bedeutung durch die Übersetzung in 35 Sprachen dokumentiert wird. Auch die Medien in Ländern, wie z. B. in den USA, Frankreich, England und Israel, reagieren überwiegend
60 positiv auf das Buch.

1997 werden mehrere Preise für den *Vorleser* vergeben: der Grinzane-Cavour-Preis (Italien), der Hans-Fallada-Preis der Stadt Neumünster, der Prix
65 Laure Bataillon (Frankreich), der auch den Übersetzer Bernard Lortholary würdigt.

Anlässlich der Verleihung des Fallada-Preises äußert sich B. Schlink kritisch zu
70 der moralisierenden Überheblichkeit, mit der seine Generation ihre Eltern zu Scham und Schande wegen ihres Verhaltens während des Nationalsozialismus verurteilt habe.

1999 vergibt die Tageszeitung Die Welt ihren erstmals verliehenen Literaturpreis an Bernhard Schlink für sein literarisches Werk.
75 *Liebesfluchten. Geschichten* (erschienen 2000) sind sieben Liebesgeschichten, die sich auch vor dem Hintergrund der jüngeren deutschen Geschichte ereignen. In diesem Jahr erhält B. Schlink den Evangelischen Buchpreis des Deutschen Verbandes Evangelischer Büchereien für den *Vorleser*.
80 In einem Interview mit der Weltwoche vom 27. 1. 2000 äußert sich Schlink zu der Frage, wie sich die Auseinandersetzung mit der nationalsozialistischen Vergangenheit für seine eigene Generation, die so genannte zweite Generation, und die darauf folgende, die
85 dritte Generation, darstellt: „Je näher die Vergangenheit ist, desto drängender sind die moralischen Forderungen an die Zeitgenossen. Solidarität mit den Tätern verstrickt auch die Nichttäter in deren Verbrechen und Schuld." (Dies gilt für die so genannte zweite Generation.) B. Schlink unterstellt für die zweite Generation eine Kollektivschuld als „Realität, die sich in der dritten Generation ver-
90 flüchtigen wird." (zit. nach Juliane Köster, a. a. O., S. 15 f.)

2001 veröffentlicht Bernhard Schlink einen Kriminalroman mit dem Titel *Selbs Mord*. Der Privatdetektiv Selb recherchiert diesmal in der Finanzwelt.

Derzeit lebt B. Schlink in Bonn und Berlin. Am liebsten würde er,
95 wie er meint, auf einer Düne am Meer wohnen und mit Blick auf das Meer schreiben. (http://www.diogenes.ch. Die Autoren. Biografie, S. 2)

---

1 Verfassen Sie einen tabellarischen Lebenslauf Bernhard Schlinks.

2 Wo spiegelt sich B. Schlinks Leben in dem Roman *Der Vorleser*?

Bernhard Schlink

Lebenslauf

1 Tabellarischer Lebenslauf

1944	geb. bei Bielefeld	1989	*Die Gordische Schleife* mit dem Glauser ausgezeichnet
1945	Umzug nach Mannheim und Heidelberg	1991–1992	Professor in Frankfurt a. M.
1963	Abitur	1992 bis heute	Professor für öffentliches Recht und Rechts-philosophie an der Humboldt-Universität zu Berlin
1963–1975	Studium der Rechtswissenschaft in Heidelberg und Berlin	1992	*Selbs Betrug* (Kriminalroman)
1975	Promotion	1993	Deutscher Krimi-Preis des Bochumer Archivs für *Selbs Betrug*
1981	Habilitation	1993	Gastprofessor an der Yeshiva-University New York
1982–1991	Professor für Verfassungs- und Verwaltungsrecht in Bonn	1995	*Der Vorleser* (Roman)
1984	Lehrbuch *Staatsrecht II. Grundrechte*	1997	Preise für den *Vorleser*: Grinzane-Cavour-Preis, Hans Fallada-Preis, Prix Laure Bataillon
1986	Feriensemester an der Universität Aix-en-Provence	1999	Literaturpreis der Tageszeitung Die Welt für den *Vorleser*
1987	*Selbs Justiz* (Kriminalroman) zusammen mit Walter Popp	2000	*Liebesfluchten. Geschichten*
1987 bis heute	Richter des Verfassungsgerichtshofs Nordrhein-Westfalen in Münster	2001	*Selbs Mord* (Kriminalroman)
1988	*Die Gordische Schleife* (Kriminalroman)		

2 Bernhard Schlinks Leben spiegelt sich mehrfach in dem Roman *Der Vorleser*:
– B. Schlink ist Sohn eines Theologieprofessors, auch der Vater der Romanfigur Michael ist Professor, und zwar der Philosophie (S. 31, 134 f.).
– B. Schlink wächst mit drei Geschwistern auf, ebenso Michael (S. 30).
– Die Bibliothek des Elternhauses, die für B. Schlink prägend war, erscheint als Motiv auch im *Vorleser* dort, wo die Analphabetin Hanna mit den Büchern von Michaels Vater konfrontiert wird (S. 61).
– Nach dem Abitur studiert B. Schlink Rechtswissenschaft, dieses Studium wählt auch Michael (S. 84).
– Wie seine Romanfigur Michael im *Vorleser* hat sich auch Bernhard Schlink immer wieder mit der nationalsozialistischen Vergangenheit auseinandergesetzt. Sie erscheint als Motiv beispielsweise in den Romanen *Selbs Justiz* (1987) und *Selbs Betrug* (1992). Für die Hauptfigur im *Vorleser*, Michael, der sich in eine KZ-Aufseherin verliebt hat, ist sie unausweichlich. Michael berichtet, dass die Studenten des Seminars, die regelmäßig Hannas Prozess verfolgen, sich als „Avantgarde der Aufarbeitung" (S. 87) dieser Vergangenheit sehen. Von sich selbst teilt er zunächst mit: „Aber ich wollte mehr, ich wollte das gemeinsame Eifern

teilen." (S. 89) Später wird ihm sein anfangs unreflektierter Aufklärungseifer immer mehr zum Problem: „Nicht dass sich der Aufarbeitungs- und Aufklärungseifer, mit dem ich am Seminar teilgenommen hatte, in der Verhandlung einfach verloren hätte. Aber dass einige wenige verurteilt und bestraft und dass wir, die nachfolgende Generation, in Entsetzen, Schuld und Scham verstummen würden – das sollte es sein?" (S. 100)

An zentraler Stelle seines Romans thematisiert B. Schlink wie in dem Interview mit der Weltwoche, was die nationalsozialistische Vergangenheit für die zweite und dritte Generation bedeutet. Im Hinblick auf die zweite Generation äußert Michael: „Manchmal denke ich, dass die Auseinandersetzung mit der nationalsozialistischen Vergangenheit nicht der Grund, sondern der Ausdruck des Generationenkonflikts war, der als treibende Kraft der Studentenbewegung zu spüren war." (S. 161) Mit Bezug auf die dritte Generation formuliert er: „ Aber andererseits war die nationalsozialistische Vergangenheit ein Thema auch für Kinder, die ihren Eltern nichts vorwerfen konnten oder wollten. Für sie war die Auseinandersetzung mit der nationalsozialistischen Vergangenheit nicht die Gestalt eines Generationenkonflikts, sondern das eigentliche Problem." (S. 161)

Zusatzmaterialien

Rezensionen

Rainer Moritz

Die Liebe zur Aufseherin

Bernhard Schlinks Erzählkunst besteht darin, fern aller Political Correctness zwei ineinander verschränkte Biografien mit schnörkelloser, unerbittlicher Wahrhaftigkeit nachzuzeichnen. Der Protagonist will verstehen und verurteilen, er will Hanna „weit weg"
5 von sich haben und kann die Liebe von einst doch nicht verleugnen. Es sind die einfachen Sätze dieses Romans, die ein kaum erträgliches Maß an Erschütterung in sich bergen. Schlink reiht sie aneinander, ohne jedes Auftrumpfen, gibt ihnen eine Resonanzkraft, wie sie allein große Literatur besitzt.
10 Hanna wird zu lebenslänglicher Haft verurteilt. Michael kommt von seinen Erinnerungen nicht los, hält sich das pulsierende Leben vom Hals und findet im universitären Raum Unterschlupf. Heirat und Affären vermitteln nur den Schein von Teilnahme am Hier und Jetzt; in Wirklichkeit beherrschen ihn die Bilder der Vergan-
15 genheit, betäuben ihn, vermischen sich aufs Unerträglichste: „Das Schlimmste waren die Träume, in denen mich die harte, herrische, grausame Hanna sexuell erregte und von denen ich in Sehnsucht, Scham und Empörung aufwachte. Und in der Angst, wer ich eigentlich sei."
20 Acht Jahre nach dem Urteilspruch nimmt Michael Kontakt mit Hanna auf. Er bespricht Kassetten mit Schnitzler, Keller, Fontane und Homer natürlich und schickt sie kommentarlos in die Zelle. Hanna, die sich das Lesen und Schreiben selbst beigebracht hat, antwortet ihrem „Jungchen" mit knappen Zeilen. Zum Wiederse-
25 hen kommt es erst, als Hannas Begnadigung amtlich ist, zehn lan-

ge Jahre später. Michael bereitet geschäftig ihre Rückkehr ins Draußen vor, eine Betriebsamkeit, die Unruhe kaschiert und sich ohnehin als vergeblich erweist: Hanna erhängt sich im Gefängnis, am Morgen ihrer Entlassung.
Der Vorleser ist ein Roman von bestechender Aufrichtigkeit. Er fegt 30 die bequemen Ausflüchte all derer hinfort, die einem „Aufarbeiten der Vergangenheit" eilfertig das Wort reden. Wenn Michael Berg einräumt: „Ich bin damit nicht fertig geworden", so spricht er ungewollt aus, was andere, viele andere vertuschen. „Schamarbeit", „Erinnerungsarbeit" – so lauten die modischen Betroffenheits- 35 vokabeln, die Absolution vorgaukeln. Dass es Dinge gibt, die keinen Anspruch auf Freispruch und Versöhnung haben, davon erzählt Bernhard Schlink, leise und klug. Selbst die therapeutische Kraft der Niederschrift hilft nicht: Die Geschichte zu schreiben, „um sie loszuwerden", gelingt nicht. 40
Sicher, man wird gegen diese Prosa das eine oder andere einwenden können. Mitunter gerät das Räsonnement eine Spur zu eindeutig („Nun ist Flucht nicht nur weglaufen, sondern auch ankommen.") und mitunter fährt der Jurist Schlink dem gleichnamigen Schriftsteller ein bisschen heftig in die Parade („Es gehört sich in deut- 45 schen Strafverfahren nicht, dass Angeklagte Richtern Fragen stellen"). Das alles sind läppische Kleinigkeiten, wenn man dagegenhält, was sich hier auf gerade einmal zweihundert Seiten zusammenfügt. Es lässt sich nicht anders sagen: Was für ein Glück, dass dieses Buch geschrieben wurde! 50

Die Weltwoche, Zürich, 23. 11. 1995

Claus Ulrich Bielefeld

Die Analphabetin

[…] Schlink erzählt eine Geschichte, in der sich das Monströse und das Banale untrennbar mischen: Eine Frau lässt sich gerne vorlesen, weil sie, was wir erst spät erfahren, Analphabetin ist. Sie tut alles um diesen als Schande empfundenen Defekt zu verbergen, ja, sie
5 lässt sich sogar ins KZ versetzen um ihr Geheimnis für sich behalten zu können. So gerät sie selbst ins Unglück und treibt andere in den Tod. Eine groteske Konstellation, die viele Möglichkeiten bietet von der Hölle zu erzählen, die aus der Normalität entsteht. Doch Schlink findet dafür keine Sprache. Betulich und umständlich brei-
10 tet er die Geschichte vor uns aus, penibel pinselt er Fünfziger-Jahre-Kolorit und auch mit seinen Kommentaren („manchmal denke ich") hält er nicht hinter dem Berg. Hier gibt es weder Schrecken noch Angst, weder Tabus noch Tabuverletzungen. Mit enervieren-

der Selbstgewissheit, ohne je zu stocken, wird über alles hinwegerzählt. Nichts spüren wir von der angeblich fortwirkenden Liebe 15 des Ich-Erzählers, die ihm andere Beziehungen unmöglich macht. Dürftig sind die Reflexionen, die über „das Schicksal meiner Generation" angestellt werden; sie zeugen zudem von erstaunlicher Selbstgerechtigkeit. Schwer erträglich sind die Schilderungen der Träume, in denen der Ich-Erzähler die Frau „mit hartem Gesicht, 20 schwarzer Uniform und Reitpeitsche" sieht, dann an die Frau denkt, „die mich liebt", und schließlich schlechten Gewissens zugesteht, „dass die fantasierten Bilder armselige Klischees waren". Bernhard Schlink schreibt diese Klischees aber nieder ohne sie zu brechen. Er ist Sprachoptimist, dem Selbstzweifel fremd sind, der 25 nie befürchtet, dass „das Wort versagt". So muss er scheitern.

Süddeutsche Zeitung vom 4./5. 11. 1995

Zusatzmaterialien

Bis zum Frühjahr 2002 wurde *Der Vorleser* von der Literaturkritik überwiegend anerkannt. Mit einer Rezension in der Süddeutschen Zeitung vom 30.3. 2002 von Willi Winkler scheint sich eine Trendwende der Beurteilung anzubahnen, die sich z. B. in folgenden Schlagzeilen dokumentiert: „Schlechter Stil, unaufrichtige Bilder: England begreift nicht mehr, was es an Bernhard Schlinks Bestseller *Der Vorleser* fand." Andere negative Rezensionen schlossen sich an, z. B. von Jeremy Adler: *Die Kunst, Mitleid mit den Mördern zu erzwingen* (SZ v. 20. 4. 2002), von Lawrence Norfolk *Die Sehnsucht nach einer ungeschehenen Geschichte* (SZ v. 27. 4. 2002). Die folgende Besprechung geht auch auf die erwähnten Rezensionen ein.

Gunhild Kübler

Rempeleien im literarischen Salon

Bernhard Schlink, nach Grass und Süskind der erfolgreichste deutschsprachige Schriftsteller und für seinen in 35 Sprachen übersetzten Roman *Der Vorleser* zum „Götterliebling der deutschen Literatur" erkoren, ist in Ungnade gefallen.

5 […] Der Angriff, vorgetragen von den britischen Schriftstellern Frederic Raphael und Jeremy Adler, stützt sich weniger auf ästhetische als auf moralische Urteile. Dieser deutsche Rechtsprofessor sei als Autor ein bewusster Falschmünzer. Sein viel gerühmter *Vorleser* sei nicht nur schlecht geschrieben, sondern historisch unglaub-
10 würdig, scheinheilig, voll unredlicher, klebriger, an die Pornos der 50er Jahre erinnernder Fantasien und darum selber ein Stück Kulturpornografie, nicht wert diskutiert zu werden. Denn über ein solches Buch könne es noch nicht einmal einen Meinungsstreit geben. Wem es gefalle, der sei kein ernsthafter Kritiker.
15 Zunächst gilt die Attacke der als geschmacklos empfundenen Liebesgeschichte. Darüber lässt sich streiten. Doch wird kein guter Leser übersehen, dass hier durch thematische Fäden, die im Subtext der Geschichte mitlaufen, ein psychosozial und zeithistorisch höchst aufschlussreiches Gewebe entsteht. Das lässt Schlinks an-
20 sonsten konventionelle Erzählkunst vibrieren. Denn es ist ja nicht irgendeine Liebesgeschichte. Der Plot funktioniert als Gleichnis. Michaels Leiden an der Liebe zu Hanna bildet die Verstrickung der Nachgeborenen in die Kollektivschuld an den Naziverbrechen ab. Sie sind mitschuldig geworden aus Liebe zu den Älteren – ihren El-
25 tern, Lehrern, Verwandten, Pfarrern, dem ganzen Kollektiv der „Täter, Zu- und Wegseher, Tolerierer und Akzeptierer" (Schlink). Anstatt ihnen entschlossen die Solidarität aufzukündigen und die Unversöhnlichkeit auszuhalten, verharrten sie in der Ambivalenz. Dies ist das zentrale Thema des *Vorlesers*. Und davon – das sei hier
30 zu Schlinks Ehrenrettung festgehalten – ist in der deutschsprachigen Literatur vor und nach dem *Vorleser* nie derart knapp und konsequent erzählt worden.

Mitleid mit den Mördern

Zwar hatte eine ganze Reihe von autobiografischen „Väterbü-
35 chern" in den 70er und 80er Jahren schon geschildert, wie es sich anfühlt, den eigenen Vater als Person zu lieben und zugleich von seiner monströsen Vergangenheit entsetzt zu sein. Schlink radikalisierte jedoch diese schizophrene Situation, indem er eine SS-Frau zum Objekt der Liebe eines Jüngeren machte, und dies, noch bevor
40 sie entlarvt wird. Dadurch gelingt es ihm, auch die Leser in seine generationstypische Ambivalenz gegenüber den NS-Tätern hineinzuziehen, die sich nun darstellt als ein Schwanken zwischen voreiliger Ablehnung und ebenso voreiliger Versöhnlichkeit. Doch davon reden Schlinks neue Kritiker mit keinem Wort. Für sie kul-
45 miniert seine Erzählkunst darin, „Mitleid mit den Mördern zu erzwingen". Na und? könnte man fragen. Dass die Mörder im Per-

sönlichen nicht durchweg Monster waren, sondern geradezu „normal" wirkten, ist die Erfahrung der Nachkriegskinder gewesen. Sie hatte ihnen die Abgrenzung erschwert. Kein Wunder deshalb, dass auch der Erzähler des *Vorlesers* alles tut um bei seinen Lesern den 50 Abstand zur NS-Mörderin zu verringern. Hanna und er selbst scheinen sogar als Liebespaar eingebettet in eine Normalität, in der Hannas Ausbrüche von Brutalität und seine Bereitschaft, sich zu erniedrigen, umso unheimlicher wirken.

Allerdings gibt es einen nicht wegzudiskutierenden Makel des *Vor-* 55 *lesers*. Ihn haben vor seinen britischen Kritikern indes schon viele, vor allem jüdische Leser entdeckt, und sie finden ihn bei der großen Mehrheit von deutschen Nachkriegsautoren: „Den Deutschen fällt zu den Opfern nichts ein.", wie Ruth Klüger vor zehn Jahren in ihrem autobiografischen Buch *weiter leben* formuliert hat. 60 In der Tat ist es frappierend zu beobachten, wie Schlinks Jurastudent in seinen Berichten aus dem NS-Prozess vor dem Schmerz, den die Opfer bezeugen, zurückweicht. Seine Aufmerksamkeit, ja sein Mitleid gilt Hanna auf der Anklagebank und nicht Hannas Opfern und dem, was sie als Zeugen erzählen. Und sie gilt der eige- 65 nen Befindlichkeit. Eine schwere „Betäubung" angesichts der verhandelten Monstrositäten stellt er bei sich fest, in der er auch alle anderen Akteure im Prozess befangen sieht. „Darf man derart vergleichen?", fragt er vorsichtig und fantasiert eben diese Betäubung, eine Art emotionaler Versteinerung, sogar als Dauerzustand auch 70 von Häftlingen und SS-Wachpersonal im realen KZ. Was die Unterschiede zwischen der Hoffnungslosigkeit der Opfer und der Stumpfheit ihrer Killer unerträglich einebnet.

Verzicht auf Fantasie

Auch den *Vorleser* trifft das Verdikt, dass ihm zu den Opfern nichts 75 eingefallen sei. Doch beantwortet das Buch auf seine perspektivisch verengte Weise die Frage nach den Gründen eines derartigen Schweigens. Die von Schlink beschriebene „Betäubung" im Prozess ist ein guter Hinweis. Lange habe er geglaubt die „Bewegung der Fantasie" passe nicht „zu der Erschütterung" […], die der Welt der 80 Lager geschuldet ist", sagte Schlink einmal im Interview. Dies weist auf spezifisch deutsche Erzählwiderstände, die den Autoren ein Verstummen nahe legten, das ihnen jetzt angelastet wird. Es scheint dafür durchaus Gründe zu geben, die nicht unehrenhaft sein müssen. Klaus Briegleb hat sie in seiner Literaturgeschichte in die Fra- 85 ge gekleidet: „Inwieweit verbietet es sich für einen Deutschen, eine jüdische Existenz zu fantasieren: in der Vernichtung, ‚danach'?" Mit ideologiekritischen Hauruckverfahren, Brandmarkung und Rausschmiss ist aber weder der Komplexität der Geschichte noch der von Texten gedient. Auch nicht dem inspirierten Diskurs im li- 90 terarischen Salon.

Neue Züricher Zeitung am Sonntag, 12. 5. 2002

1 Welche Vorwürfe werden gegen den *Vorleser* in neueren Rezensionen erhoben?
2 Mit welchen Argumenten reagiert Gunhild Kübler auf diese Kritik?
3 Diskutieren Sie, ob und inwieweit Sie sich der Kritik anschließen oder mit welchen Argumenten Sie sie zurückweisen wollen.

Zusatzmaterialien

Juliane Köster

Warum ist der Roman erfolgreich?

Versucht man den fulminanten Erfolg des Romans in der Literaturkritik, auf dem Buchmarkt und im schulischen Literaturunterricht zu erklären, wird man neben dem „nicht unraffiniert[en]" (P. Michaltik) Plot die Perspektive des Tä-
5 tergedächtnisses nennen. Dabei scheinen mir drei Punkte von besonderer Bedeutung zu sein.

1 Die Darstellung ist politisch korrekt, insofern die NS-Verbrechen ohne Einschränkung als Erinnerungskern betrachtet werden. An einem gravierenden Fall wird exemplarisch
10 eine sachliche Bestandaufnahme ohne Beschönigung vorgelegt. Allerdings, so ist hinzuzufügen, dient diese Bestandaufnahme der Exploration des Täterprofils und erst in zweiter Linie der Wahrnehmung der Opfer. Hier wird deutlich, dass zu kollektiven Selbstverständigungsprozessen auch die Tri-
15 bunalisierung gehört. Allerdings dürfte zum Erfolg des Romans geradezu dessen prozesskritische Ebene beigetragen haben. [...] Auch wenn die Gestaltung einer NS-Täterin aus der Perspektive eines Nachgeborenen [...] kontrovers rezipiert wurde, so hat sie doch sicher zum Erfolg des Romans
20 beigetragen. Denn gegen die Konvention, NS-Tätern menschliche Züge abzusprechen und nur ihre Monstrosität zu sehen, verstößt diese Darstellung allemal. Der eigentliche Schwerpunkt des Romans liegt jedoch auf der Auseinandersetzung der zweiten Generation mit dem Holocaust und auf
25 der kritischen Reflexion dieser Auseinandersetzung. Auch die Tatsache, dass die Abrechnung der 68er mit der Tätergeneration einerseits gewürdigt wird, weil sie das Schweigen der Väter brach, und andererseits aber eine gewisse Revision erfährt, weil sie moralisierend und selbstgerecht war, wird
30 die Attraktivität des Romans bewirkt haben.

2 Ein weiterer Grund für den Erfolg dürfte darin bestehen, dass die konstruktive Auseinandersetzung der Zweiten Generation auf die private Ebene beschränkt bleibt und die öffentliche politische Austragung ausgespart wird. Das heißt: Dieser öffentliche kollektive Selbstverständigungsprozess 35 kommt nur in der 68er-Bewegung und deren Kritik zur Sprache. Insofern ist auch die [...] geäußerte Kritik an der fehlenden Auseinandersetzung durchaus erhellend und mit Hannah Arendt wäre zu konstatieren, dass „die Welt erst, wenn sie Gegenstand des Gesprächs geworden ist, [....] 40 menschlich" ist.[1]

3 Letztlich wäre es die Mischung aus Political Correctness hinsichtlich des Holocaust als Faktum, aus Tabu-Verletzung hinsichtlich der Darstellung der Täterfigur, aus Kritik an der juristischen und öffentlichen Auseinandersetzung mit dem 45 Holocaust zugunsten der privaten Ebene der Auseinandersetzung, die den Erfolg des Romans garantiert. Was hier als Erklärung für die Erfolgsgeschichte des Romans vorgetragen wird, verlangt nach einer kritischen literaturwissenschaftlichen Reflexion. 50
Schlink selbst führt fünf Jahre nach dem Erscheinen des Romans den Welterfolg des Romans darauf zurück, dass „das Buch [...] eine Reihe von moralischen Problemen auf[werfe] und [...] Leser [...] sich gern durch ein Buch gefordert [sehen] sich mit moralischen Problemen auseinander zu 55 setzen."[2]

„Manche fanden die zeitgeschichtliche Dimension interessant, andere die Liebesgeschichte, wieder andere setzten sich mit dem Missbrauchsproblem eines Jugendlichen durch eine erwachsene Frau auseinander, andere mit dem Problem, 60 was es bedeutet, eine Verbrecherin zu lieben, oder ob man jemandem helfen darf oder sogar muss, der sich nicht helfen lassen will."[3]

Bernhard Schlink: Der Vorleser. München: Oldenbourg 2001, S. 25 f.

1 Welche drei Gründe sind nach J. Köster für den Erfolg des *Vorlesers* entscheidend?

2 Inwiefern wird hinsichtlich der Darstellung der Täterfigur ein Tabu verletzt?

3 Prüfen Sie, worin J. Kösters und B. Schlinks Erklärung für den Erfolg des Romans übereinstimmen und worin sie sich unterscheiden.

4 Falls Ihre eigenen Erklärungen des Erfolgs von denen J. Kösters und B. Schlinks abweichen, notieren Sie diese als Grundlage für eine abschließende Diskussion.

---

1 Hanna Arendt: Rede am 28. September 1959 bei der Entgegennahme des Lessing-Preises der Freien und Hansestadt Hamburg
2 Gunhild Kübler: Interview mit Bernhard Schlink: Als Deutscher im Ausland wird man gestellt. In: Die Weltwoche Nr. 4 vom 27.1.2000, S. 36
3 Gunhild Kübler, a.a.O., S. 36

Klausurvorschläge

Schlüsselszenen
Wählen Sie eine Schlüsselszene aus den drei Teilen
des Romans *Der Vorleser* aus.
Fassen Sie den Inhalt kurz zusammen.
Interpretieren Sie die Szene so, dass deutlich wird,
was sie zum Verständnis des gesamten Romans beiträgt.

Zum Aufbau
Stellen Sie den Handlungsverlauf des Romans so um,
dass die Liebesgeschichte von Michael und Hanna
aus der Rückschau erzählt wird.
Geben Sie die Stelle exakt an, wo die Liebesgeschichte
einsetzt, und skizzieren Sie die darauf folgende Handlung
ebenfalls genau.
Äußern Sie sich dann zu Vor- und Nachteilen von
Bernhard Schlinks Aufbau und Ihrer Änderung.

Auseinandersetzung mit der nationalsozialistischen Vergangenheit
Stellen Sie dar, wie sich Michael mit der nationalsozialistischen Vergangenheit auseinander setzt.
Berücksichtigen Sie dabei vor allem Michaels Äußerungen
über die Einstellung seiner Generation, der so genannten
zweiten Generation, zu ihren Eltern und die Position
der dritten Generation gegenüber der nationalsozialistischen Vergangenheit (S. 87 ff., S. 160 ff.).
Erörtern Sie danach, inwieweit die nationalsozialistische Vergangenheit für Sie selbst ein Thema ist.

Hannas Analphabetismus
Beschreiben Sie die Entwicklung des Motivs „Hannas
Analphabetismus" in dem Roman. Inwieweit wird
Hanna durch die Darstellung als Analphabetin entlastet?
Nehmen Sie kritisch dazu Stellung, dass Hannas Analphabe-
tismus als schuldmindernd verstanden werden kann.

Hanna, eine Frau mit zwei Gesichtern
a Gehen Sie von der Textstelle S. 140 ff. aus, wo Michael
sich in düsteren und angenehmen Bildern von Hanna
verliert, und beschreiben Sie einzelne Situationen,
in denen Hanna für Michael rätselhaft ist.
Vor welcher Schwierigkeit stand B. Schlink bei der
Charakterisierung Hannas?
b Sie können, ebenfalls von der Textstelle S. 140 ff.
ausgehend, Michael auch einen Brief an einen Freund
schreiben lassen, in dem er mitteilt, wie er Hanna
kennen gelernt hat, dass er sie vor Gericht
wiedergesehen hat und wie nun seine Erinnerungen
an Hanna und „fantasierte Bilder" (S. 142) darauf
hinauslaufen, dass sie ein Frau mit zwei Gesichtern ist.

Hanna und Michael, eine unselige Liebe
Michael besucht Hanna im Gefängnis und sitzt neben ihr
auf der Bank im Garten. Während des Gesprächs mit ihr
denkt Michael darüber nach, dass er ihre Briefe nicht
beantwortet und sie nicht besucht hat. Was ihm durch
den Kopf geht, sagt der Erzähler so: „[...] Ich hatte Hanna
eine kleine Nische zugebilligt, durchaus eine Nische, die
mir wichtig war, die mir etwas gab und für die ich etwas
tat, aber keinen Platz in meinem Leben. Aber warum hätte
ich ihr einen Platz in meinem Leben zubilligen sollen? [...]"
Setzen Sie Michaels inneren Monolog so fort:
Er wird sich dessen bewusst, dass seine Liebe zu Hanna von
Anfang an unter einem schlechten Stern gestanden hat.

Michaels Schuld
Nehmen Sie an, dass Michael sich wegen seiner Schuldgefühle in ärztliche Behandlung begibt. Notieren Sie in der
Rolle eines Psychotherapeuten Michaels Geständnisse und
seine Schuldvorwürfe gegenüber Hanna (vgl. S. 72 und 45 ff.).
Führen Sie anschließend aus, mit welchen Argumenten
der Psychotherapeut Michael entlasten könnte.

Hannas Schuld
Denken Sie sich einen Brief Hannas vor ihrem Freitod
an Michael aus, in dem sie diesen für ihr schuldhaftes
Verhalten ihm gegenüber um Verzeihung bittet und
in dem sie auch ihre Schuld als KZ-Aufseherin gesteht.

Erzähltechniken
Erläutern Sie die Funktion typischer Erzähltechniken
und der vorherrschenden Erzählperspektive
(vgl. S. 38, 162, 97) im *Vorleser* anhand von Beispielen.

Rezensionen
Verfassen Sie eine Rezension zum Roman B. Schlinks
für Ihre Schülerzeitung. Sie können dabei folgende
Gesichtspunkte berücksichtigen: Inhaltsüberblick,
Hannas Analphabetismus, Hannas Schuld, Michaels
Auseinandersetzung mit der nationalsozialistischen
Vergangenheit, die Sprache, Erzähltechniken, unterschied-
liche Interpretationsmöglichkeiten, Intention des Autors.

Biografie
Stellen Sie dar, wie sich Bernhard Schlinks Leben in seinem
Roman *Der Vorleser* spiegelt.

Träume von dem Haus in der Bahnhofstraße
Interpretieren Sie das 2. Kapitel des ersten Teils aus dem
Vorleser (S. 8–11) im Hinblick auf seine Bedeutung für den
gesamten Roman.

Quellenverzeichnis und Literaturhinweise

Quellenverzeichnis

In den meisten Fällen sind die Quellenangaben den jeweiligen Texten und Abbildungen direkt zugeordnet. Hier eine Zusatzinformation:

KV 4: Die Fotos vom KZ Natzweiler-Struthof sind aus www.shoa.de entnommen.

Leider ist es uns nicht gelungen, die Rechteinhaber aller Abbildungen und Texte zu ermitteln bzw. mit ihnen in Kontakt zu kommen. Berechtigte Ansprüche werden selbstverständlich im Rahmen der üblichen Vereinbarungen abgegolten.

Weitere literarische Werke von Bernhard Schlink

Schlink, Bernhard/Popp, Walter: Selbs Justiz. Zürich: Diogenes 1987

Die gordische Schleife. Zürich: Diogenes 1988

Selbs Betrug. Zürich: Diogenes 1992

Liebesfluchten. Erzählungen. Zürich: Diogenes 2000

Selbs Mord. Zürich: Diogenes 2001

Wissenschaftliche Literatur und Unterrichtshilfen

Boschki, Reinhold; Konrad, Franz-Michael (Hrsg.): Ist die Vergangenheit noch ein Argument? Aspekte einer Erziehung nach Auschwitz. Tübingen: Attempto 1997

Corngold, Stanley: Fürsorge beim Vorlesen. Bernhard Schlinks Novel „Der Vorleser". In: Borchmeyer, Dieter (Hrsg.): Signaturen der Gegenwartsliteratur. Festschrift für Walter Hinderer: Würzburg: Königshausen/ Neumann 1999, S. 248–255

Friedrich, Katrin: Ein Buch zum Buch schreiben und beurteilen. Ein Lesejournal zu Bernhard Schlinks „Der Vorleser". In: Praxis Deutsch, Bd. 31 (2004), S. 46–53

Greese, Bettina; Peren-Eckert, Almut: Bernhard Schlink: Der Vorleser. Paderborn: Schöningh 2000

Heyl, Matthias: Erziehung nach Auschwitz. Eine Bestandsaufnahme. Hamburg: Krämer 1997. In: Praxis Deutsch, Bd. 31 (2004), S. 46–53

Köster, Juliane: Bernhard Schlink: Der Vorleser. München: Oldenbourg 2000

Köster, Juliane: Bernhard Schlink: Der Vorleser (1995) – Eine Interpretation für die Schule. In: Der Deutschunterricht 51 (1999), Heft 4, S. 70–81

Köster, Juliane: Schritte aus der Unmündigkeit. Bernhard Schlink: Der Vorleser. In: Deutschunterricht (Berlin) 50 (1997), Heft 6, S. 328–330

Möckel, Magret: Erläuterungen zu Bernhard Schlink: Der Vorleser. Hollfeld: Bange, ^{2}2003

Moers, Helmut: Bernhard Schlink: Der Vorleser. Freising: Stark 1999

Reisner, Hanns-Peter: Bernhard Schlink: Der Vorleser. Stuttgart: Klett 2003

Schreier, Helmut; Heyl, Matthias: „Dass Auschwitz nicht noch einmal sei…" Zur Erziehung nach Auschwitz. Hamburg: Krämer 1995

Weitere Rezensionen

Adler, Jeremy: Die Kunst, Mitleid mit den Mördern zu erzwingen. In: Süddeutsche Zeitung vom 20. 4. 2002

Hage, Volker: Der Schatten der Tat. In: Der Spiegel vom 20.11.1995

Hage, Volker: Unter Generalverdacht. Kulturkritiker rüsten zu einer bizarren Literaturdebatte: Verharmlosen erfolgreiche Bücher wie Günter Grass' Novelle „Im Krebsgang" oder Bernhard Schlinks Roman „Der Vorleser" die Schuld der Deutschen an Holocaust und Zweitem Weltkrieg? In: Der Spiegel 15/2002 vom 8. 4. 2002

Krause, Tilman: Kritik der Schulmeister. In: Die Welt vom 9. 4. 2002

Küpper, Mechthild: Liebe zum Täter. In: Wochenpost vom 31. 8. 1995

Löhndorf, Marion: Die Banalität des Bösen. In: Neue Zürcher Zeitung vom 28.10.1995

Norfolk, Lawrence: Die Sehnsucht nach einer ungeschehenen Geschichte. Warum Bernhard Schlinks Roman „Der Vorleser" ein so schlechtes Buch ist und allein sein Erfolg einen tieferen Sinn hat. In: Süddeutsche Zeitung vom 27. 4. 2002

Stolleis, Michael: Die Schaffnerin. Bernhard Schlink lässt vorlesen. In: Frankfurter Allgemeine Zeitung vom 9. 9. 1995

Winkler, Willi: Vorlesen, Duschen, Durcharbeiten. Schlechter Stil, unaufrichtige Bilder: England begreift nicht mehr, was es an Bernhard Schlinks Bestseller „Der Vorleser" fand. In: Süddeutsche Zeitung vom 30. 3. 2002